Doce años de esclavitud

Solomon Northup

Doce años de esclavitud

colección **Bárbaros**

Diseño de cubierta e interior: Carola Moreno y Joan Edo
Maquetación: Joan Edo
Imagen de cubierta: *Recogida del algodón* (1876), de Winslow Homer
Traducción: Adrià Edo

Título original: *12 Years a Slave*

© de la traducción: Adrià Edo
© de esta edición, 2014, Ediciones Barataria, S.l.

ISBN: 978-84-92979-58-5
Depósito legal: SE 126-2014
Impreso por Estugraf Impresores S.L.

1

Nací como hombre libre, y disfruté durante más de treinta años de las bendiciones de la libertad en un estado libre y, transcurrido dicho período, fui secuestrado y vendido como esclavo, condición en la que permanecí hasta que fui felizmente rescatado en enero de 1853, después de una servidumbre de doce años. Me han sugerido que un relato de mi vida y fortuna sería francamente interesante para el público.

Desde mi retorno a la libertad, no he dejado de percibir el creciente interés entre los estados del Norte con respecto al tema de la esclavitud. Las obras de ficción han pintado un retrato de las características más leves, así de como de las más repugnantes, han circulado en una cantidad sin precedentes, y, a mi entender, han creado una conveniente atmósfera de comentarios y discusión.

Puedo hablar de la esclavitud sólo en la medida en que pude observarla, y sólo en la medida en que la he conocido y experimentado en mi propia persona. Mi objetivo es ofrecer una sincera y veraz exposición de los hechos mediante la narración de la historia de mi vida, sin exageraciones. Dejo a los lectores el determinar si estas páginas presentan un cuadro del más cruel de los males o de la más severa esclavitud.

En la medida en que he podido verificarlo, parece que mis antepasados paternos eran esclavos en Rhode Island. Pertenecían a una familia apellidada Northup. Uno de los Northup se traladó al estado de Nueva York y se estableció en Hoosic, en el condado de Rensselaer. Se llevó con él a Mintus Northup, mi padre. A la muerte de este caballero, que debió de sobrevenirle hace unos cincuenta años, mi padre se convirtió en un hombre libre, emancipado por la voluntad de su amo en su testamento.

El señor Henry B. Northup, de Sandy Hill, un distinguido abogado, y el hombre a quien, providencialmente, le debo mi actual libertad y mi regreso a la sociedad junto a mi esposa e hijos, es un pariente de la familia de la que mis antepasados fueron esclavos y de la que tomaron el apellido. A este hecho puede atribuirse el perseverante interés que ha sentido por mi persona.

Algún tiempo después de su emancipación, mi padre se mudó a la ciudad de Minerva, en el condado de Essex, Nueva York, donde nací en julio de 1808. No tengo forma de saber cuánto tiempo permaneció en dicho lugar. Desde allí fue a Granville, en el condado de Washington, cerca de un lugar conocido como Slyborough, donde durante algunos años trabajó en la granja de Clark Northup, también pariente de su viejo patrón. Desde allí fue a la granja Alden, en Moss Street, al norte del pueblo de Sandy Hill, y de allí a la granja ahora propiedad de Russel Pratt, situada en la carretera que conduce de Fort Edward a Argyle, donde vivió hasta su muerte, que aconteció el 22 de noviembre de 1829. Dejó viuda y dos hijos: yo mismo y Joseph, mi hermano mayor. Mi hermano vive aún en el condado de Oswego, cerca de la ciudad del mismo nombre. Mi madre murió durante el período de mi cautiverio.

A pesar de haber nacido esclavo y de llevar a cabo sus actividades con las desventajas a las que mi desafortunada raza está sometida, mi padre era un hombre respetado por su diligencia e integridad, tal como podrían atestiguar muchos que guardan un buen recuerdo de él. Toda su vida giró en torno a las pacíficas actividades de la agricultura y nunca buscó empleo en el más humilde servicio doméstico, que parece estar especialmente reservado a los hijos de África. Además de darnos una educación superior a la normal para niños de nuestra condición, adquirió por su diligencia y economía una cantidad de bienes suficientes que le aseguró el derecho de sufragio. Solía hablarnos de su vida temprana, y aunque en todo momento conservó el más caluroso sentimiento de amabilidad, e incluso de afecto, por la familia en cuya casa había sido esclavo, nunca fue capaz de comprender la esclavitud, y sobrellevaba con profundo dolor la degradación de su raza. Se esforzó en imbuirnos sentimientos de moralidad, y nos enseñó a confiar en Dios, que protege tanto a los más pequeños, como a la mayor de sus criaturas. Con frecuencia, los recuerdos de sus consejos paternales me alcanzaron mientras yacía en una cabaña de esclavo en las distantes y mórbidas regiones de Louisiana, dolorido a causa de las inmerecida heridas que un inhumano amo me había infligido, y anhelando tan sólo que la tumba que le había proporcionado merecido reposo a mi padre me sirviera de protección contra el látigo de los opresores. En el patio de la iglesia de Sandy Hill una humilde losa señala el lugar donde descansa después de haber ejercido con dignidad las funciones correspondientes al humilde sendero que Dios le había reservado.

Hasta ese momento me dediqué principalmente, con mi padre, a las labores de la granja. Las pocas horas libres las empleaba por lo general a mis libros o a practicar con el violín, un entretenimiento que fue la gran pasión de mi juventud. También ha sido mi fuente de consuelo. Mientras proporcionaba placer a los seres sencillos con quienes compartí mi suerte, pude apartar mis pensamientos durante largas horas de la dolorosa contemplación de mi destino.

El día de Navidad de 1829 me casé con Anne Hampton, una chica de color que entonces vivía en el vecindario de nuestro domicilio. La ceremonia la llevó a cabo en Fort Edward Timothy Eddy, un magistrado de esa ciudad, y que sigue siendo un eminente ciudadano del lugar. Ella había vivido mucho tiempo en Sandy Hill con el señor Baird, propietario de la Eagle Tavern, y también con la familia de reverendo Alexander Proudfit, de Salem. Este caballero había presidido durante muchos años la sociedad presbiteriana, y era hombre principal por su erudición y piedad. Anne aún conserva gratos recuerdos de la excelsa bondad y los valiosos consejos de ese buen hombre. Anne no es capaz de determinar la línea exacta de sus antepasados, pero la sangre de tres razas se mezcla en sus venas. Es difícil asegurar si predomina el rojo, el blanco o el negro. La mezcla de todos ellos, sin embargo, le han conferido una expresión singular, agradable, y nada corriente. A pesar de alguna semejanza, no puede decirse que sea exactamente mestiza, una tipología a la que, he olvidado mencionar, pertenecía mi madre.

Había alcanzado recientemente mi mayoría de edad, al cumplir los veintiún años el mes de julio del año anterior. Privado de los consejos y asistencia de mi padre, con una esposa que dependía de mí para su sustento, decidí abordar una vida de laboriosidad, y a pesar del obstáculo del color y la conciencia de mis humildes orígenes, tenía deliciosos sueños sobre un porvenir mejor, en los que la posesión de alguna humilde morada con unas pocas hectáreas de tierra me recompensaran por mi trabajo, y concederme felicidad y comodidades.

Desde el principio de mi matrimonio hasta hoy el amor que he profesado a mi esposa ha sido sincero e incondicional, y sólo aquellos que han sentido la ternura que brilla intensamente en un padre que cuida de sus hijos puede apreciar mi afecto a mis amados hijos. Son todo lo que considero necesario hoy en día, y con ello aclaro a los que leen estas páginas la intensidad de los sufrimientos que me vi condenado a soportar.

Inmediatamente después de casarnos empezamos a reformar la casa del antiguo edificio amarillo del extremo sur de Fort Edward, y que desde entonces se ha transformado en una mansión moderna, actualmente ocupada por el capitán Lathrop. Se la conoce como Fort House. Ocasionalmente, después de la institucionalización del condado, se usó como sede de los tribunales. También fue ocupada por Burgoyne en 1777 porque estaba situada cerca del antiguo fuerte, en la orilla izquierda del río Hudson.

Durante el invierno estuve empleado, con otros, en la reparación del canal de Champlain, en la sección de la que William van Nortwick era superintendente. David McEachron era el capataz de los hombres en cuya compañía trabajaba. En la época en que el canal abrió en plena primavera, me pude permitir, gracias a los ahorros sobre mi salario, comprar un par de caballos y aperos necesarios para el negocio de la navegación.

Después de contratar varios brazos eficientes para que me ayudasen, firmé algunos contratos para el transporte de grandes balsas de madera desde el lago Champlain a Troy. Dyer Beckwith y el señor Bartemy, de Whitehall, me acompañaron en unos cuantos viajes. En este tiempo me familiaricé perfectamente con el arte y los misterios de la navegación, conocimientos que luego me permitirían prestar un provechoso servicio a un digno señor, y asombrar a los inocentes madereros de los bancales de Bayou Boeuf.

En uno de mis viajes al lago Champlain me encargaron que hiciera un trabajo en Canadá. Remonté hasta Montreal, visité la catedral y otros lugares de interés en la ciudad, y desde allí continué mi viaje a Kingston y otras ciudades, que me proporcionaron el conocimiento de dichas localidades. Esa circunstancia me prestó también un buen servicio posteriormente, como se verá hacia el final de esta narración.

Al finalizar mi contrato de manera satisfactoria para mí y para mi empleador, y como no quería permanecer inactivo cuando se acabó la navegación por el canal, firmé un nuevo contrato con Medad Gunn para cortar gran cantidad de leña. Trabajé como leñador durante el invierno de 1831 a 1832.

Con el retorno de la primavera, Anne y yo concebimos el proyecto de comprar una granja en la zona. Me había habituado desde la más tierna juventud a las labores agrícolas, y era la ocupación en la que me sentía más cómodo. En consecuencia, llegué a un acuerdo para adquirir una parte de la antigua granja de Alden, en la que mi padre residió en el pasado. Con una vaca, un cerdo, una yunta de buenos bueyes que había comprado recientemente a Lewis Brown, en Hartford, y otros bienes y efectos personales, procedimos a mudarnos a nuestro nuevo hogar en Kingsbury. Ese año planté veinticinco hectáreas de maíz, sembré mis buenos campos de avena y comencé a cultivar en la escala mayor que me permitían mis posibilidades. Anne cuidaba con diligencia los asuntos de la casa mientras yo me esforzaba laboriosamente en el campo.

Allí residimos hasta 1834. En la temporada invernal recibía numerosas peticiones para tocar el violín. Dondequiera que los jóvenes se reunían para bailar, yo casi siempre estaba allí. En los pueblos de los alrededores mi violín era bien conocido. Anne, además, durante su larga estancia en Eagle Tavern, se había convertido en una afamada cocinera. Durante las semanas de los juicios, y en los eventos oficiales, trabajaba por una buena paga en las cocinas del Sherrill Coffee House.

Siempre regresábamos a casa después de estos trabajos con dinero contante, de modo que entre el violín, la cocina y la agricultura, pronto nos encontramos en posesión de un pequeño capital, y, de hecho, llevando una vida feliz y próspera. Si hubiera dependido de nosotros hubiésemos permanecido en la granja en Kingsbury, pero llegó el momento en el que el siguiente paso debía darse hacia el cruel destino que me aguardaba.

En marzo de 1834, nos mudamos a Saratoga Springs. Ocupamos una casa que pertenecía a Daniel O'Brien, en el lado norte de la calle Washington. En aquel momento Isaac Taylor regentaba una gran casa de huéspedes conocida como Washington Hall en el extremo norte de Broadway. Me contrató para conducir un caballo de carga, trabajo que realicé para él dos años. Después de aquello me contrataron a menudo en las temporadas turísticas, y también a Anne, en el United States Hotel y otros establecimientos del lugar. En las temporadas invernales me aplicaba a mi violín, aunque durante la construcción del ferrocarril entre Troy y Saratoga desempeñé muchas jornadas de duro trabajo.

En Saratoga tenía la costumbre de comprar los artículos necesarios para mi familia en las tiendas de los señores Cefas Parker y William Perry, caballeros hacia los cuales, por su amable actitud, sentía un gran respeto. Por esta razón doce años después les dirigí la carta que figura en este libro, y que cuando llegó a manos del señor Northup fue la causa de mi venturosa liberación.

Mientras viví en el United States Hotel, me reunía con frecuencia con esclavos que acompañaban a sus amos del Sur. Siempre iban bien vestidos y bien cuidados, y aparentemente llevaban una vida sencilla, con pocos pero ordinarios problemas que los preocuparan. Muchas veces hablaban conmigo sobre el tema de la esclavitud. Casi siempre me pareció que abrigaban el deseo secreto de la libertad. Algunos de ellos expresaban la más ardiente voluntad de escapar, y me consultaban sobre el mejor método de hacerlo. Sin embargo, el temor al castigo (porque ellos sabían que era segura su captura y devolución), resultaba en todos los casos suficiente para disuadirlos. Había respirado toda mi vida el aire libre del Norte, y era consciente de que poseía los mismos sentimientos y afectos que se pueden encontrar en el corazón del hombre blanco. Sabía, además, que tenía una inteligencia semejante a la de algunos hombres con una piel más clara. Yo era demasiado ignorante, y tal vez demasiado independiente, como para llegar a concebir que alguien pudiera sentirse satisfecho de vivir en la abyecta condición de un esclavo. No podía comprender la justicia de esa ley, o de esa religión, que defiende o reconoce el principio de la esclavitud, y ni una sola vez (puedo decirlo con orgullo), he dejado de aconsejar a cualquiera que me lo preguntase, que aprovechase su oportunidad, y luchase por la libertad.

Continué viviendo en Saratoga hasta la primavera de 1841. Las previsiones halagüeñas que siete años antes nos habían seducido en la tranquila granja del lado este del Hudson no se habían cumplido. Aunque no estábamos mal, no habíamos prosperado. La sociedad y las asociaciones de esa renombrada cuenca no estaban pensadas para perseverar en los simples hábitos del trabajo y la economía en los que me habían instruido. Por el contrario, allí se prefería la holgazanería y la dejadez.

En aquel momento éramos padres de tres hijos: Elizabeth, Margaret y Alonzo. Elizabeth, la mayor, contaba diez años; Margaret era dos años más joven, y el pequeño Alonzo acababa de cumplir cinco. Llenaron la casa de alegría. Sus jóvenes voces eran música en nuestros oídos. Más de un castillo en el aire construimos su madre y yo para los pequeños inocentes. Cuando no estaba trabajando iba siempre de paseo con ellos, vestidos con sus mejores ropas, por las calles y parques de Saratoga. Su presencia era mi mayor placer, y los estrechaba contra mi pecho con un amor tan cálido y tierno como si sus oscuras pieles fueran tan blancas como la nieve.

Hasta aquí la historia de mi vida no presenta nada inusual, nada alejado de las normales esperanzas, amores y trabajos de un hombre negro que da lo mejor de sí mismo en su humilde trabajo para el progreso del mundo. Pero hemos llegado al punto de inflexión de mi existencia. Se acerca el umbral del mal más indecible, de la tristeza y la desesperación. Me acercado a las sombras, a la densa oscuridad que estaba a punto de atraparme, y que a partir de entonces me ocultaría a los ojos de mis seres queridos y me apartaría de la dulce luz de la libertad durante muchos infaustos años.

2

Una mañana de finales de marzo de 1841, como no tenía en ese momento ningún trabajo en particular en el que centrar mi atención, paseaba tranquilamente por los alrededores de Saratoga Springs, pensando para mis adentros en dónde podría conseguir algún empleo hasta que llegase la temporada veraniega. Anne, como era su costumbre, había ido a Sandy Hill, a unos treinta kilómetros, para hacerse cargo de la cocina en Sherrill Coffee House durante la temporada de los juicios. Creo que Elizabeth la acompañaba. Margaret y Alonzo estaban con su tía en Saratoga.

En la intersección de las calles Congress y Broadway, cerca de la taberna, que por entonces, y que yo sepa, sigue siendo propiedad del señor Moon, me encontré con dos caballeros de aspecto respetable, totalmente desconocidos para mí. Tengo la impresión de que me los presentó algún conocido al que he tratado en vano de recordar, con la carta de presentación de que yo era un experto violinista.

En cualquier caso, inmediatamente me abordaron por dicha cuestión y me hicieron numerosas preguntas sobre mis habilidades. Mis respuestas, a tenor de las apariencias, les resultaron satisfactorias. Me propusieron contratarme para que tocara para ellos y me aseguraron también que yo era el tipo de persona que requerían para sus negocios. Sus nombres, que me proporcionaron después, eran Merrill Brown y Abram Hamilton, aunque tengo serias razones para dudar de que éstos fueran sus verdaderos nombres. El primero era un hombre de unos cuarenta años, de corta estatura y rechoncho, con un semblante que indicaba astucia e inteligencia. Vestía levita y sombrero negros y afirmó que residía tanto en Rochester como en Syracuse. El segundo era un joven de tez y ojos claros y que a mi juicio no había cumplido los veinticinco años. Era alto y delgado, llevaba una chaqueta de color tabaco con un lustroso sombrero y un elegante chaleco. Vestía a la última moda. Su aspecto era un tanto afeminado, aunque agradable, y desprendía un cierto aire de sencillez que demostraba que era hombre de mundo. Trabajaban por entonces, según decían, para una compañía circense de Washington, y se dirigían allí después de haberla abandonado durante un tiempo para hacer un corto viaje por el Norte con el propósito de visitar la zona. También me comentaron que habían tenido muchas dificultades para encontrar buenos músicos para los espectáculos, y que si los acompañaba hasta Nueva York me darían un dólar al día y tres dólares por noche por tocar el violín en sus actuaciones, además del dinero suficiente para pagar los gastos del viaje de regreso de Nueva York a Saratoga.

Acepté de inmediato tan tentadora oferta, tanto por la recompensa prometida como por el deseo de visitar la metrópoli. Estaban ansiosos por partir de inmediato. Pensando que mi ausencia sería breve, no consideré necesario escribirle una carta a Anne para contarle adónde iba. Imaginé que regresaría a casa antes incluso que ella. Así que en cuanto recogí una muda de ropa y mi violín, me preparé para partir. Trajeron un carruaje cubierto tirado por un par de nobles bayos que en conjunto formaban una elegante tiara. Su equipaje, que constaba de tres grandes baúles, se ató al pescante mientras ellos se acomodaron en la parte trasera. Nos alejamos de Saratoga camino de Albany. Yo estaba excitado por mi nueva situación y feliz como no lo había estado en mi vida.

Pasamos por Ballston y atravesamos la llamada Ridge Road, si mi memoria no falla, y seguimos directos hacia Albany. Llegamos a la ciudad antes del anochecer y paramos en un hotel al sur del Museo. Esa noche tuve la oportunidad de presenciar una de sus actuaciones, la única, durante todo el tiempo que estuve con ellos. Hamilton estaba en la puerta, yo hice las veces de orquesta, mientras que Brown proporcionaba el entretenimiento. Consistía en lanzar bolas, hacer equilibrios en una cuerda, freír crepes en un sombrero, soltar gruñidos de cerdos invisibles, y otras hazañas de ventriloquia y prestidigitación. La audiencia era extraordinariamente escasa y no especialmente selecta.

A primera hora de la mañana siguiente reemprendimos viaje. El tema central de sus conversaciones era el deseo apremiante por llegar al circo sin demora. Redoblamos el ritmo sin pararnos para nuevos espectáculos y, a su debido tiempo, llegamos a Nueva York. Nos alojamos en una casa en el lado oeste de la ciudad, en una calle que va desde Broadway hasta el río. Supuse que mi viaje había llegado a su fin, y esperaba que, a más tardar, en uno o dos días volvería con mis amigos y familiares de Saratoga. Brown y Hamilton, sin embargo, comenzaron a presionarme para que los acompañara a Washington. Alegaron que cuando llegásemos, como la temporada veraniega estaba a punto de empezar, el circo partiría para el Norte. Me prometieron una buena colocación y un considerable salario si accedía a acompañarlos. Se explayaron largamente en las ventajas que dicho empleo me proporcionaría, y tales fueron las adulaciones que me hicieron, que finalmente acepté la oferta.

A la mañana siguiente sugirieron que, como estábamos a punto de entrar en un estado esclavista, sería conveniente, antes de salir de Nueva York, conseguir salvoconductos. La idea me pareció muy prudente, aunque dudo que a mí se me hubiera ocurrido si ellos no la hubieran propuesto antes. Fuimos entonces a lo que yo creí que era la aduana. Ellos juraron que yo era un hombre libre. Redactaron y nos entregaron un documento, nos dijeron que lo lleváramos a la oficina del encargado. Así lo hicimos. El encargado añadió algo al documento, trabajo por el que le pagamos seis chelines, y volvimos de nuevo a la aduana. Había que cumplimentar algunos trámites adicionales antes de dar el asunto por concluido, conclusión que llegó con el pago en la aduana de dos dólares. Guardé los papeles en el bolsillo, y junto con mis dos amigos regresamos a nuestro hotel. Debo confesar que en ese momento pensé que los papeles no valían lo que nos había costado conseguirlos, pero no tuve ninguna sospecha de peligro para mi seguridad personal. Recuerdo que el funcionario al que nos dirigieron hizo un memorándum en un tomo enorme, que supongo se conserva todavía en la oficina. Una referencia en las entradas de finales de marzo o principios de abril de 1841 satisfará, sin ningún género de dudas, a los incrédulos, al menos en lo que respecta a esta transacción en particular. Con la evidencia de la libertad en mi posesión, al día siguiente de nuestra llegada a Nueva York cogimos el ferry hacia Jersey y nos dirigimos a Filadelfia. Allí permanecimos una noche y continuamos nuestro viaje hacia Baltimore a primera hora de la mañana. Cuando llegamos a esa ciudad nos hospedamos en un hotel cercano a la estación de ferrocarril, propiedad del señor Rathbone, conocido como Rathbone House. Durante el viaje desde Nueva York, su afán por alcanzar el circo parecía cada vez más vehemente. Abandonamos el carruaje en Baltimore, tomamos el tren y nos encaminamos a Washington, donde llegamos al atardecer. Era la noche anterior al funeral por el general Harrison, y nos detuvimos en el Gadsby's Hotel, en la avenida Pennsylvania.

Después de la cena me llamaron a sus habitaciones y me pagaron cuarenta y tres dólares, una suma mayor de la que me correspondía. Este acto de generosidad, afirmaron, era porque no se habían celebrado tantas representaciones como me habían prometido durante nuestro viaje desde Saratoga. Me informaron, además, de que la intención de la compañía era abandonar Washington a la mañana siguiente, pero que a causa del funeral habían decidido permanecer un día más. En aquel momento eran tan amables conmigo como lo habían sido desde nuestro primer encuentro. Sus alabanzas y adulaciones eran continuas, y, por otra parte, yo estaba ciertamente predispuesto a su favor. Les otorgué mi más absoluta confianza, y de buen seguro los habría seguido a cualquier parte. Su constante conversación y su trato amable, su previsión en la cuestión del salvoconducto, y un centenar de otros pequeños detalles que no hay necesidad de explicar, indicaban que eran amigos de verdad, con una sincera preocupación por mi bienestar. Puede que fueran inocentes de la gran culpa en la que quizá participaron. Si fueron cómplices de mi tragedia, aquellos sutiles e inhumanos monstruos en forma de hombres, que me tentaron adrede para alejarme de mi hogar y mi familia y arrebatarme la libertad por el vil dinero. Los que lean estas páginas tendrán los mismos medios que yo para determinar si son inocentes. Mi repentina desaparición ya es de por sí inexplicable, pero tras una profunda reflexión sobre todas las circunstancias, nunca he sido capaz de llegar a la caritativa conclusión de la inocencia.

Después de recibir el dinero, que parecían poseer en abundancia, me aconsejaron no salir a la calle esa noche, por no estar familiarizado con las costumbres de la ciudad. Le prometí seguir sus consejos, los dejé, y poco después, acompañado por un sirviente de color, ocupé un dormitorio en la planta baja de la parte trasera del hotel. Me acosté para descansar, pensando en mi hogar y en mi mujer e hijos, y en la larga distancia que se extendía entre nosotros, hasta que me dormí. Pero ningún ángel de la guarda acudió a mi cama para advertirme de que me fuera volando con él; ninguna voz misericordiosa me previno en mis sueños de las adversidades que se cernían sobre mí.

Al día siguiente hubo un gran desfile en Washington. El rugido de los cañones y el tañido de las campanas llenaban el ambiente, mientras que muchas casas estaban envueltas en crespones, y las calles se tiñeron de negro por el luto. A medida que avanzaba el día, la procesión empezó a vislumbrarse, avanzando lentamente a través de la avenida, carruaje tras carruaje, en una larga sucesión, mientras miles de personas los seguían a pie, todo ello al son de música melancólica. Acompañaban el cuerpo sin vida de Harrison a la tumba.

Desde primera hora de la mañana, yo estuve constantemente en compañía de Hamilton y Brown. Eran las únicas personas que conocía en Washington. Permanecimos juntos mientras observábamos pasar el desfile fúnebre. Recuerdo con viva claridad el cristal de la ventana romperse y caer al suelo, por las salvas de cañón que se disparaban en el cementerio. Fuimos al Capitolio y paseamos largo rato por los jardines. Por la tarde, nos dirigimos hacia la Casa del Presidente, y todo el tiempo se mantuvieron cerca de mí, enseñándome los lugares de interés. Hasta el momento, aún no había visto nada del circo. De hecho, había pensado en ello, pero poco, embargado como estaba por la emoción del día.

Durante la tarde entraron en diversas ocasiones en los salones, y pidieron licor. Sin embargo no eran el tipo de personas que tuvieran el hábito, en la medida en que los conocí, de beber en exceso. En estas ocasiones, después de servirse ellos, pedían otro vaso y me servían a mí también. No me emborraché, como se deduce de lo ocurrido posteriormente. Por la tarde, y poco después de participar de una de estas libaciones, comencé a experimentar unas muy desagradables sensaciones. Me sentí muy mal. Me empezó a doler la cabeza con un dolor intenso y sordo, indescriptiblemente desagradable. En la cena no tenía apetito, y la simple contemplación de la comida me producía náuseas. Ya de noche el mismo sirviente me condujo a la habitación que había ocupado la noche anterior. Brown y Hamilton me aconsejaron retirarme, y se apiadaron amablemente expresando la esperanza de que estuviera completamente recuperado por la mañana. Me deshice del abrigo y las botas, y me arrojé sobre la cama. Me era imposible dormir. El dolor de cabeza siguió aumentando, hasta que se hizo casi insoportable. Al cabo de poco estaba sediento. Mis labios estaban resecos. No podía pensar en nada más que lagos y ríos y arroyos, en los que sacié mi sed en algún momento, y en el cubo de agua que asciende con su néctar fresco y desbordante desde el fondo del pozo. Hacia la medianoche, me levanté, incapaz ya de soportar tal sensación de sed. Yo era un extraño en la casa, y no sabía nada de sus apartamentos. No había nadie arriba, como pude observar. Moviéndome por el lugar al azar, encontré el camino a una cocina en el sótano. Dos o tres sirvientes de color se afanaban en ella, uno de los cuales, una mujer, me dio dos vasos de agua. Un alivio momentáneo me invadió, pero cuando regresé de nuevo a mi habitación, el mismo ardiente deseo de agua, la misma sed terrible, había regresado. Era aún peor que la anterior, como lo fue también el salvaje dolor en mi cabeza, si eso era posible. ¡Sentía la más atroz de las agonías! ¡Me parecía estar al borde de la locura! El recuerdo de aquella noche de terrible sufrimiento me seguirá hasta la tumba.

Pasada una hora o algo más tras mi regreso de la cocina, fui consciente de que alguien entraba en mi habitación. Parecía que había varias voces, pero ni sé cuántos ni quiénes eran. Es algo que no soy capaz de decir. Si Brown y Hamilton se contaban entre ellos, es una mera conjetura. Sólo recuerdo algo muy vago, que me dijeron que era necesario acudir a un médico y conseguirme una medicina, y sin mis botas, ni abrigo o sombrero, los seguí por el largo pasadizo, o callejón, hasta la avenida Pennsylvania. En el lado opuesto había una luz encendida en una ventana. Mi impresión, totalmente indefinida y vaga, es que había entonces tres personas conmigo, y parecía el recuerdo de un sueño doloroso. Iba hacia la luz, que me imaginé que procedía de la consulta de un médico, y que parecía alejarse a medida que avanzábamos, es el último tenue recuerdo que me queda. A partir de ese momento caí en un estado de catatonia. ¿Durante cuánto tiempo permanecí en esa condición? Puede que sólo esa noche, o varios días y noches, eso no lo sé, pero regresé a un estado de conciencia me encontré en la más absoluta oscuridad, y encadenado.

El dolor en mi cabeza había reducido su intensidad, pero me encontraba terriblemente debilitado. Estaba sentado en un banco bajo, de áspera madera, sin abrigo o sombrero. Estaba esposado. Alrededor de mis tobillos también había un par de pesados grilletes. Uno de los extremo de la cadena estaba fijado con un gran anillo en el suelo, el otro a los grilletes en los tobillos. Traté en vano de ponerme de pie. Al despertar de tan doloroso trance, pasó algún tiempo antes de que fuera capaz de ordenar mis pensamientos. ¿Dónde me encontraba? ¿Cuál era el porqué de estas cadenas? ¿Dónde estaban Brown y Hamilton? ¿Qué había hecho para merecer el encarcelamiento en una mazmorra? No era capaz de comprender nada. Había un espacio de tiempo indefinido en blanco, que precedía a mi despertar en ese lugar solitario y los acontecimientos del cual mi memoria era incapaz de recordar excepto por pequeños retazos. Escuché con atención buscando alguna señal de vida, pero nada rompió el opresivo silencio, salvo el tintineo de mis cadenas cada vez que me atrevía a moverme. Hablé en voz alta, pero el sonido de mi voz me sobresaltaba. Percibí en mis bolsillos, hasta el punto en el que las cadenas así lo permitirían, que no sólo me habían arrebatado la libertad, sino que además se habían llevado el dinero y el salvoconducto. En ese momento empezó a surgir la idea en mi mente, al principio débil y difusa, de que había sido secuestrado. Pero eso pensamiento me parecía increíble.

Debía de existir algún malentendido, algún desafortunado error. No podía ser que un ciudadano libre de Nueva York, que no había hecho ningún mal a nadie ni violado ninguna ley, pudiera ser tratado de aquel modo inhumano. Cuanto más reflexionaba sobre mi situación, sin embargo, más se confirmaban mis sospechas. Era un pensamiento ciertamente desolador. Sentí que no había confianza o misericordia en aquellos hombres insensibles y me encomendé al Dios de los oprimidos, incliné mi cabeza sobre mis manos encadenadas y lloré amargamente.

3

Transcurrieron unas tres horas, en las que permanecí sentado en el banco, absorto en dolorosas meditaciones. Por fin oí el canto de un gallo, y al cabo de poco un lejano ruido sordo, como de apresurados carruajes por las calles, y supe que era de día. Pero ninguna luz penetraba en mi prisión. Finalmente, oí pasos encima de mi cabeza, de alguien que se movía de aquí para allá. Pensé entonces que debía de estar encerrado en un sótano, y la humedad y el moho me confirmaron dicha suposición. El ruido por encima de mí se oyó durante al menos una hora, cuando, por fin, oí pasos que se acercaban desde el exterior. Una llave traqueteó en la cerradura, una pesada puerta osciló hacia atrás sobre sus goznes y permitió la entrada de un torrente de luz, y dos hombres entraron y se plantaron delante de mí. Uno de ellos era alto, de unos cuarenta años, con el pelo castaño oscuro y con ligeras mechas grises. Tenía un rostro amplio, tez clara, rasgos groseramente toscos, que no expresaban nada más que crueldad y astucia. Medía un metro ochenta, bien vestido, y me permito afirmar, sin prejuicios, que era un personaje de aspecto siniestro y repugnante en todas sus facetas. Su nombre era James H. Burch, como supe después. Era un tratante de esclavos bien conocido en Washington, y por aquella época, o después, conectado comercialmente, o asociado, a Theophilus Freeman, de Nueva Orleans. La persona que lo acompañaba era un simple lacayo, llamado Ebenezer Radburn, que actuaba sólo como carcelero. Estos dos hombres viven aún en Washington, o lo hacían en el momento de mi regreso al hogar cuando pasé por esa ciudad el pasado enero.

La luz que se había colado por la puerta me permitió observar la habitación en la que estuve confinado. Era de unos tres metros y medio cuadrados, con muros de sólida mampostería. El suelo era de pesados tablones. Había una pequeña ventana, con grandes barrotes de hierro y con un postigo exterior bien atrancado.

Una puerta de hierro conducía a una celda contigua, abovedada, totalmente desprovista de ventanas o cualquier medio por el que pudiera entrar la claridad. Los muebles del habitáculo donde estaba consistían en el banco de madera en el que descansé, un viejo cajón asqueroso, y aparte de eso, y como en el resto de celdas, no había ni camas, ni mantas, ni ningún otro mueble. La puerta por donde entraron Burch y Radburn conducía a un pequeño pasillo, a un tramo de escalones que desembocaban en un patio rodeado por un muro de ladrillo de tres o cuatro metros de altura que daba a la parte trasera de un edificio de la misma amplitud. El patio se extendía en la zona trasera de la casa a lo largo de unos diez metros. En una zona de la pared había una gruesa puerta de hierro, que conducía a un estrecho pasaje cubierto. El destino del negro, cuando se cerraba la puerta de acero que conducía al estrecho callejón, estaba sellado. En la parte superior del muro se apoyaba un extremo del tejado, formando una especie de cobertizo abierto. Debajo del tejado había un desván, donde los esclavos, si era necesario, podían dormir por la noche, o cuando las condiciones climáticas eran adversas buscar refugio de la tormenta. En casi todos los aspectos era como el corral de un granjero, salvo porque se había construido de manera que el mundo exterior no pudiese ver el ganado humano que se encerraba allí.

El edificio que estaba junto al patio era de dos pisos, la parte delantera daba a una de las calles más transitadas de Washington. Su fachada tenía la vulgar apariencia de una residencia privada normal y corriente. Un extraño que la observara nunca habría podido llegar a adivinar aquellas execrables prácticas. Por extraño que pueda parecer, desde la casa se podía observar toda la parte superior del Capitolio. Las voces de los representantes patrios jactándose de la libertad y la igualdad y el ruido de cadenas de los pobres esclavos sonaban al unísono. ¡Un barracón de esclavos a la sombra del Capitolio!

Tal es la descripción de cómo era en 1841 el barracón de esclavos William en Washington, desde uno de los sótanos en los que me encontraba tan injustamente recluido.

–Bueno, amigo, ¿cómo te encuentras ahora? –dijo Burch, mientras entraba por la puerta abierta.

Le contesté que estaba enfermo, y le pregunté por la causa de mi encarcelamiento. Me contestó que yo era su esclavo, que me había comprado, y que estaba a punto de enviarme a Nueva Orleans. Afirmé, en voz alta y no sin audacia, que era un hombre libre, un ciudadano que vivía en Saratoga, donde tenía esposa e hijos, que también eran libres, y que me llamaba Northup. Me quejé amargamente del mal trato que había recibido, y le amenacé para que me pusiese en libertad, y recibir satisfacción por el daño generado. Negó que yo fuera un hombre libre y manifestó, bajo solemne juramento, que yo me había fugado de Georgia. Una y otra vez afirmé que no era esclavo de nadie, e insistí en que me quitara las cadenas de una vez. Procuró que me callase, como si temiera que mi voz se oyera. Pero no fue capaz de acallarme, y denuncié a los autores de mi encarcelamiento, fuesen quienes fuesen, de villanos embusteros. Al darse cuenta de que no era capaz de enmudecerme, se sumió en una cólera imponente. Con blasfemias e insultos, me llamó negro mentiroso, fugitivo de Georgia, y cualquier otro epíteto profano y vulgar que la fantasía más indecente pueda concebir.

Durante toda esta escena, Radburn permanecía en silencio. Su trabajo era supervisar aquel establo humano, o más bien inhumano, recibir a los esclavos, alimentarlos y azotarlos, a razón de dos chelines por cabeza y día. Burch se volvió hacia él y le ordenó que trajese la pala y el látigo de nueve colas. Desapareció, y al cabo de poco regresó con estos instrumentos de tortura. La pala, como se denomina en la jerga de los esclavistas, o al menos con la que tuve mi primer contacto, y de la que ahora hago referencia, era un tablón de madera dura, de dieciocho o veinte centímetros de largo, cuya silueta trazaba la forma de una anticuada cuchara de pudín, o como la parte plana de un remo ordinario, que era del tamaño de la circunferencia de dos manos abiertas, y repleto de pequeños agujero por toda su superficie. El látigo era una gran cuerda de muchas hebras, que se separaban y en las que había un nudo en el extremo de cada una.

Tan pronto como aparecieron estos artilugios formidables, me vi apresado por los dos hombres y me despojaron de mi ropa. Mis pies, tal como he dicho antes, estaban encadenados al suelo. Me tendieron sobre el banco, boca abajo, Radburn colocó su pesado pie sobre los grilletes, entre mis muñecas, sujetándolas dolorosamente al suelo. Burch comenzó a golpearme con la pala. Golpe tras golpe caían sobre mi cuerpo desnudo. Cuando el brazo implacable se cansó, los golpes pararon y me preguntó si todavía insistía en que era un hombre libre. Yo insistí, y los golpes se reanudaron, más rápidos y con más energía, si cabe, que antes. Cuando se cansó de nuevo, repitió la misma pregunta, y al recibir la misma respuesta, continuó con su cruel labor. Durante todo este tiempo, el diablo encarnado en hombre profería los juramentos más diabólicos. Por fin la pala se rompió, y mi torturador se quedó con el mango en la mano. Y aun así yo me mantenía firme. Todos aquellos golpes brutales no podían obligar a mis labios a proferir la absurda mentira de que yo era un esclavo. Arrojando con furia el mango de la pala al suelo, agarró el látigo. Fue muchísimo más doloroso que la pala. Me resistí con todas mis fuerzas, pero fue en vano. Recé pidiendo misericordia, pero mi oración sólo fue respondida con imprecaciones y azotes. Pensé que moriría bajo los latigazos de aquella bestia maldita. Incluso ahora, la piel se arrastra por mis huesos, cuando recuerdo dicha tortura. Ardía. Mis sufrimientos no podían más que compararse con las abrasadoras agonías del infierno.

Al final permanecía en silencio ante sus preguntas. No respondía de ninguna forma. De hecho, era casi incapaz de hablar. Aun así el látigo castigaba sin contemplaciones mi pobre cuerpo, hasta que pareció que la carne lacerada se desgajaba de mis huesos con cada vergajazo. Un hombre con una pizca de misericordia en su alma no habría golpeado ni a un perro de forma tan cruel. Por fin Radburn dijo que no tenía sentido azotarme más, que bastaba con el dolor. Burch desistió, advirtiéndome, con una sacudida admonitoria de su puño en mi cara, y siseando entre su firme dentadura, que si alguna vez me atrevía a afirmar de nuevo que tenía derecho a mi libertad, que había sido secuestrado, o cualquier otra cosa, fuese lo que fuese, el castigo que acababa de recibir no sería nada en comparación con el que recibiría entonces. Juró que o me domaba o me mataba. Con estas palabras de consuelo, me quitaron las cadenas de las muñecas, aunque mantuvieron los pies aún fijados a la anilla, cerraron el ventanuco que habían abierto al entrar, y al cerrar la puerta tras ellos, me quedé de nuevo en la más absoluta oscuridad.

Al cabo de una o dos horas, el corazón me dio un vuelco al oír cómo la llave hurgaba de nuevo en la cerradura. Yo, que había estado tan solo, y que había deseado con tanto ardor ver algún rostro, sin importarme cuál, me estremecía al pensar que alguien se acercaba. Un rostro humano era terrorífico para mí, en especial uno blanco. Radburn entró. Traía un plato de peltre, una tajada de carne de cerdo frito retorcida, una rebanada de pan y una taza de agua. Me preguntó cómo me sentía, y comentó que había recibido un castigo bastante severo. Me recriminó mi insistencia en reclamar mi libertad. De manera condescendiente y confidencial, me dio su consejo: que cuanto menos hablase sobre esa cuestión, sería mejor para mí. El hombre se esforzaba evidentemente por parecer amable, quizá conmovido por mi triste condición, o al comprobar que con mi silencio no había peligro de que expresara más mis derechos.

Quitó los grilletes de mis tobillos, abrió los postigos del ventanuco, y se marchó, dejándome de nuevo solo.

Estaba rígido y dolorido, con el cuerpo cubierto de ampollas, y solo era capaz de moverme con grandes dolores y dificultad. Desde la ventana no podía observar más que el tejado que reposaba en el muro adyacente. Por la noche me acosté en el suelo húmedo, duro, sin almohada ni manta. De forma metódica, dos veces al día, Radburn entraba con el cerdo, el pan y el agua. Yo tenía muy poco apetito, aunque me atormentaba una sed continua. Mis heridas no me permitían mantener una posición más de unos pocos minutos, de modo que pasaba los días y las noches sentado o de pie, o paseando lentamente por la celda. Estaba enfermo del alma y profundamente desanimado. Los recuerdos de mi familia, de mi esposa e hijos, ocupaban continuamente mi mente. Cuando el sueño me vencía, soñaba con ellos. Soñaba que estaba en Saratoga, que podía ver sus rostros y escuchar sus voces que me llamaban. Al despertar de la agradable ensoñación me encontraba de nuevo con la amarga realidad que me rodeaba, no podía hacer más que gemir y llorar. Aun así, mi espíritu no estaba vencido. Me calmaba la idea de escapar. Era imposible, pensé, que los hombres pudieran ser tan injustos como para retenerme como esclavo, cuando la verdad sobre mi caso se conociera. Burch, una vez se hubiera probado que no era un fugitivo de Georgia, sin duda me liberaría. A pesar de que mis sospechas sobre Brown y Hamilton eran reiteradas, no podía reconciliarme con la idea de que fueron parte fundamental de mi encarcelamiento. Con toda seguridad estarían buscándome, me librarían de la esclavitud. Aún no había comprendido hasta qué punto podía llegar a ser «el hombre un lobo para el hombre», ni qué límites insospechados de maldad se podían alcanzar por amor al dinero.

En el transcurso de los días, la puerta se abrió en varias ocasiones para permitirme la entrada al patio. Allí conocí a tres esclavos, uno de ellos un muchacho de diez años, y dos hombres jóvenes de entre veinte y veinticinco años. Los conocí el tiempo suficiente para enterarme de sus orígenes y de la historia de sus vidas.

El mayor de ellos era un negro llamado Clemens Ray. Había vivido en Washington, conducido una carreta, y trabajado en un establo durante un largo período. Era muy inteligente y absolutamente consciente de su situación. La idea de ir al Sur lo perturbaba profundamente. Burch le había comprado unos días antes, y lo había recluido allí hasta que estuviera listo para enviarlo al mercado de Nueva Orleans. Por él supe que estaba en el barracón de esclavos de William, un lugar del que nunca antes había oído hablar. Me describió los fines para los que fue diseñado. Le repetí los pormenores de mi triste historia, pero él sólo podía ofrecerme el consuelo de su simpatía. También me aconsejó que mantuviera un completo silencio sobre mi liberación, ya que por el carácter de Burch me aseguró que lo único que conseguiría sería un nuevo castigo. El otro se llamaba John Williams. Se crió en Virginia, cerca de Washington. Burch lo adquirió como pago de una deuda, y comentaba constantemente la esperanza de que su amo lo redimiera, esperanza que se vio cumplida al cabo del tiempo. El muchacho era un niño vivaz llamado Randall. La mayoría de las veces estaba jugando en el patio, pero de vez en cuando se recogía en un rincón a llorar reclamando a su madre, y preguntaba cuándo llegaría. La ausencia de su madre parecía ser la única y gran pena de su corazoncito. Era demasiado joven para darse cuenta de su condición, y cuando el recuerdo de su madre no lo dominaba, nos entretenía con sus divertidas bromas.

Por la noche, Ray, Williams y el chico dormían en el altillo del patio, mientras que yo permanecía encerrado en la celda. Eventualmente nos dieron a cada uno una manta como las que se usan para los caballos, la única ropa de cama que se me permitió tener a partir de entonces y hasta mi liberación. Ray y Williams me hicieron muchas preguntas sobre Nueva York, sobre cómo se trataba a las personas de color, cómo podían comprar sus propias casas y crear una familia sin que nadie los molestase o los oprimiera; y Ray, sobre todo, suspiraba continuamente por la libertad. Tales conversaciones se mantenían lejos del alcance de Burch o del carcelero Radburn. Tales aspiraciones habrían acabado con el restallar del látigo sobre nuestras espaldas.

Es necesario, en este relato, con el fin de presentar una declaración completa y veraz de todos los principales acontecimientos de la historia de mi vida, y para retratar la esclavitud tal como la he visto y conocido, hablar de lugares bien conocidos y de muchas personas que aún viven. Yo soy, y siempre fui, un completo extraño para Washington y sus vecinos, excepto de Burch y Radburn, y no conocí a nadie allí, con excepción de los nombrados por mis compañeros esclavizados. Lo que estoy a punto de decir, si fuera falso, es fácilmente rebatible.

Permanecí en el barracón de esclavos de William unas dos semanas. La noche anterior a mi partida trajeron a una mujer a mi celda que lloraba desconsolada y daba la mano a una niña pequeña. Eran la madre de Randall y su medio hermana. Al reencontrarlas se sentía feliz, se aferraba al vestido de la madre y besaba a su hermana. Exhibía toda clase de manifestaciones de alegría. La madre también lo estrechaba entre sus brazos, lo abrazaba con ternura, y lo miraba con cariño entre lágrimas, llamándolo por numerosos apodos entrañables.

Emily, la niña, tenía siete u ocho años, tez clara y un rostro de una belleza admirable. El pelo le caía en rizos alrededor del cuello, mientras que el estilo y la calidad del vestido, y la pulcritud de toda su apariencia, indicaban que había sido educada en medio de la riqueza. Era una niña realmente dulce. La mujer también vestía de seda, con anillos en los dedos y pendientes de oro en las orejas. Su porte y sus modales, y la exactitud y la corrección de su lenguaje resaltaban de forma extraordinaria que había estado en algún momento de su vida por encima del nivel de un esclavo. Parecía muy sorprendida de encontrarse en un lugar como aquel. Era un claro y repentino giro de la fortuna que la había conducido hasta allí. Mientras se quejaba profusamente por la injusticia fue introducida en la celda sin contemplaciones, conmigo y los niños. El lenguaje no puede expresar, más que con una inadecuada percepción, los lamentos que expresó. Se arrojó al suelo, rodeó a los niños con sus brazos y vertió palabras tan conmovedoras que sólo el amor materno y la bondad pueden sugerir. Los niños se refugiaron en ella, como si no hubiera otro lugar en el mundo que pudiera ofrecerles protección. Por fin se durmieron, con las cabezas apoyadas en su regazo. Mientras dormían, ella les retiraba el pelo de sus caritas, y les habló durante toda la noche. Los llamaba con cariñosos apelativos: sus dulces niños inocentes, sus pobres pequeños que no conocían aún la miseria que estaban destinados a soportar. Pronto no tendrían madre que los consolara, los apartarían de ella. ¿Qué sería de ellos? Ella no sería capaz de vivir alejada de su pequeña Emmy y su querido hijo. Siempre habían sido buenos niños, y muy cariñosos. Le rompería el corazón, Dios lo sabía, dijo, si los alejaban de ella. Sin embargo sabía perfectamente que tenían la intención de venderlos, y quizá de separarlos, y no podría verlos nunca más. Escuchar los expresivos lamentos de la desolada madre era más que suficiente para derretir corazones de piedra. Su nombre era Eliza, y ésta era la historia de su vida, tal como la relató después:

Era la esclava de un hombre rico, que vivía en los alrededores de Washington. Nació, creo que dijo, en su plantación. Años antes, él había caído en hábitos disipados y discutido con su esposa. De hecho, poco después del nacimiento de Randall, se separaron. Dejó a su esposa e hija en la casa en la que siempre habían vivido y construyó una nueva cerca, en la finca. Llevó a Eliza a aquella casa, y, con la condición de que viviera con él, ella y sus hijos serían emancipados. Vivió allí con él nueve años, con sirvientes que la asistían y con todas las comodidades y lujos de la vida. Tuvieron a Emily. Por último, su joven ama, que había vivido siempre con su madre en la granja, se casó con un tal Jacob Brooks. Por fin, por alguna razón, tal como ella me explicó, quedó fuera del control de Berry porque la propiedad fue dividida. Ella y sus hijos fueron a parar a la parte del señor Brooks. Durante los nueve años que había vivido con Berry, y como consecuencia de la posición que se había visto obligada a ocupar, ella y Emily se habían convertido en objeto del odio y la aversión de la señora Berry y de su hija. El propio Berry era un hombre de natural bondadoso, que siempre le prometió que ella obtendría su libertad, y que, no tenía ninguna duda, se la habría otorgado si hubiera podido hacerlo. Tan pronto como pudieron ponerle las manos encima a Emily, se hizo manifiesto que no soportarían la convivencia. La sola visión de Eliza enfurecía a la señora Brooks, que tampoco podía soportar mirar a la niña, su medio hermana, y tan hermosa como ella.

El día en que la llevaron al barracón, Brooks la había llevado de la finca a la ciudad con el pretexto de que había llegado el momento de concederle los papeles de libertad en cumplimiento de la promesa de su amo. Eufórica ante la perspectiva de la libertad inmediata, se arregló un poco, vistió a Emmy con sus mejores ropas y lo acompañó llena de felicidad. A su llegada a la ciudad, en lugar de ser bautizada como un ser humano libre, fue entregada al esclavista Burch. El único papel que se firmó fue la factura de su venta. La esperanza de largos años se volatilizó en un instante. Desde la más alta de las felicidades descendió hasta la más profunda de las miserias. No es de extrañar que llorase desconsolada y llenara la celda con desgarradores gemidos y expresiones de aflicción.

Eliza ya ha muerto. En lo alto del Red River, donde vierte sus aguas lentamente a través de las tierras bajas insalubres de Louisiana, ella descansa en la tierra por fin, el único lugar de reposo del pobre esclavo.

4

A intervalos durante la primera noche de la encarcelación de Eliza en la celda, se quejó amargamente de Jacob Brook, el marido de su joven ama. Me dijo que si hubiese sido consciente del engaño que pretendía ejercer sobre ella, nunca la habría traído hasta allí con vida. Habían aprovechado la oportunidad de llevársela cuando el amo Berry estaba lejos de la plantación. Siempre había sido amable con ella. Deseaba intentar ir a verlo, pero sabía que ni siquiera él podía hacer ya nada para rescatarla. Luego empezaba a llorar de nuevo, besaba a los niños dormidos, les hablaba primero a uno, luego al otro, mientras yacían en su sueño inconsciente, con la cabeza sobre su regazo. Así transcurrió una larga noche, un día, y otra larga noche, y la mujer seguía inconsolable.

A la medianoche del día siguiente, la puerta de la celda se abrió y entraron Burch y Radburn con linternas en la mano. Burch, con una maldición, nos ordenó que enrollásemos nuestras mantas enseguida, y nos preparáramos para subir a bordo de un barco de vapor. Juró que nos quedaríamos atrás a menos que nos apresurásemos. Despertó a los niños con una brusca sacudida. Al salir al patio, llamó a Clem Ray y le ordenó que dejara el desván y llevase su manta con él. Cuando Clem apareció, nos colocó uno al lado del otro, y nos encadenó con grilletes, mi mano izquierda con su mano derecha. A John Williams se lo habían llevado uno o dos días antes porque su amo al parecer lo había redimido, con gran alegría para él. Clem y yo recibimos la orden de marchar, Eliza y los niños venían detrás. Nos llevaron por el patio, de allí hacia el pasaje cubierto, y subimos unas escaleras que daban a una puerta lateral en el piso de arriba, donde yo había oído ruido de pisadas. El mobiliario era una estufa, un par de sillas viejas y una mesa larga, cubierta de papeles. Era una habitación de paredes blancas, sin ningún tipo de alfombra en el suelo, que parecía una especie de oficina. Al lado de una de las ventanas, recuerdo, colgaba una espada oxidada, lo que llamó mi atención. El baúl de Burch estaba allí. Obedeciendo sus órdenes, así una de las asas con mi mano libre, mientras él asía la otra, y salimos al exterior en el mismo orden en que habíamos abandonado la celda.

Era una noche oscura. Reinaba un profundo silencio. Podía ver las luces, o los reflejos de éstas, en la avenida Pennsylvania, pero no se veía ni un alma, ni siquiera un vagabundo. Yo estaba casi resuelto a intentar la fuga. Si no hubiera sido por los grilletes, sin lugar a dudas lo habría procurado, sin importar cuáles hubiesen sido las consecuencias. Radburn estaba en la retaguardia, llevaba un gran palo y azuzaba a los niños para que fueran lo más rápido posible. Así que pasamos, esposados y en silencio, por las calles de Washington, a través de la capital de una nación, en cuya teoría el gobierno nos dice que se basa en el derecho inalienable del hombre a la vida, la libertad y la búsqueda de la felicidad. ¡Salve, Columbia, una tierra verdaderamente feliz!

Al llegar al barco, nos encerraron enseguida en la bodega, entre barriles y cajas. Un criado negro trajo una luz y la campana, y pronto el buque comenzó a deslizarse río abajo por el Potomac, que nos conducía Dios sabía dónde. La campana sonó cuando pasamos la tumba de Washington. Sin duda, Burch, con la cabeza descubierta, se inclinó reverentemente ante las sagradas cenizas del hombre que dió su ilustre vida por la libertad de su país.

Ninguno de nosotros durmió esa noche, excepto Randall y la pequeña Emmy. Por primera vez la situación superó completamente a Clem Ray. Para él, la idea de dirigirse al Sur era absolutamente horrible. Dejaba atrás a los amigos de juventud y a familiares que le eran caros y preciosos, y que con toda probabilidad no volvería a ver jamás. Él y Eliza lloraban juntos lamentándose de su cruel destino. Por mi parte, por difícil que pueda parecer, me esforcé en mantener el ánimo. Forjé en mi mente un centenar de formas de escapar, y estaba totalmente decidido a hacer un intento desesperado a la más mínima oportunidad que se me ofreciera. Sin embargo, llegado a este punto, había comprendido que mi verdadero cometido era no decir nada más sobre el tema de mi nacimiento como hombre libre. Me exponía a la tortura y mermaría considerablemente las posibilidades de regresar a la libertad.

Al amanecer nos llevaron a la cubierta para el desayuno. Burch nos quitó los grilletes, y nos sentamos a la mesa. Le preguntó a Eliza si quería tomar una copita y ella la rechazó agradeciéndoselo educadamente. Durante la comida permanecimos en silencio, no cruzamos ni una palabra. Una mulata que sirvió la mesa pareció interesarse por nosotros, nos exhortó a no desfallecer y no sentirnos tan abatidos. Al terminar el desayuno nos pusieron los grilletes de nuevo y Burch nos ordenó que nos dirigiéramos a la cubierta de popa. Nos sentamos sobre algunas cajas, aún en silencio por la presencia de Burch. De vez en cuando un pasajero pasaba junto a nosotros, nos observaba y daba media vuelta.

Era una mañana muy agradable. Los campos a lo largo del río eran una campiña verde, lo que no era muy habitual en esa estación del año. El sol brillaba cálido, los pájaros cantaban en los árboles. Las aves eran felices, las envidiaba profundamente. Deseaba unas alas como las suyas, que me permitieran cortar el aire y regresar adonde mis pajaritos esperaron en vano la vuelta de su padre, en las frías regiones del Norte.

A mediodía el vapor llegó a Aquia Creek. Allí los pasajeros tomaron diligencias. Burch y sus cinco esclavos ocupamos una. Se dedicaba a jugar con los niños, y en una de las paradas incluso les compró una porción de pan de jengibre. Me dijo que mantuviera la cabeza alta para parecer inteligente. Así quizá me pudiera conseguir un buen amo, si era capaz de comportarme. No le contesté. Su rostro me resultaba odioso, y no podía ni mirarlo. Me senté en un rincón, acunando en mi corazón la esperanza, todavía hoy presente, de verme las caras con mi tirano en el suelo de mi estado natal.

En Fredericksburg nos trasladaron desde la diligencia a un carro, y antes del anochecer llegamos a Richmond, la capital de Virginia. En esta ciudad nos sacaron de los coches y nos arrastraron por las calles hasta un nuevo barracón de esclavos, entre la estación de ferrocarril y el río, regentado por un tal señor Goodin. Este barracón era similar al de William en Washington, excepto porque era un poco más grande, y porque había dos casitas en cada uno de los extremos del patio. Era habitual encontrar estas estancias en los mercados de esclavos, ya que se utilizaban como habitaciones donde los compradores examinaban las propiedades humanas antes de concluir una compra. Los defectos de un esclavo, igual que de los caballos, depreciaban su valor. Si no había garantías, un examen detenido del esclavo era una cuestión de especial importancia para el esclavista.

Nos recibió el mismo Goodin en la puerta de su patio, un hombre bajo, gordo, con una cara redonda y rolliza, de pelo negro y bigote, y una tez casi tan oscura como la de algunos de sus negros. Tenía una mirada dura, severa, y parecía tener unos cincuenta años. Burch y él mantuvieron una amistosa charla. Evidentemente eran viejos amigos. Se estrecharon la mano calurosamente, Burch le comentó que había venido acompañado y le preguntó a qué hora partiría el barco, y Goodin le respondió que probablemente a la misma del día siguiente. Goodin se volvió hacia mí, me agarró el brazo, me obligó a volverme y me observó atentamente con el aire del que se considera un buen juez de la propiedad y estuviera estimando en su mente el precio que yo podía llegar a alcanzar.

–Bueno, muchacho, ¿de dónde vienes?

Olvidándome de mí mismo por un instante, le respondí:

–De Nueva York.

–¡Nueva York! ¿Y qué has estado haciendo por allí arriba? –dijo en tono de asombro.

Al ver a Burch mirándome con una expresión de furia que transmitía un significado fácil de comprender, le respondí inmediatamente: «¡Oh, yo sólo he estado allí por casualidad!», de forma que comprendiera que a pesar de que que podría haber estado en lugares tan lejanos como Nueva York, entendiera lo más claramente posible que yo no pertenecía a ese estado libre ni a ningún otro.

Goodin pasó luego a examinar a Clem, y luego a Eliza y los niños, uno por uno y haciéndoles varias preguntas. Estaba contento con Emily, al igual que todo el que veía ese rostro angelical. No estaba tan limpia como cuando la vi por primera vez, su cabello estaba un poco despeinado. Pero incluso tras el cabello despeinado aún brillaba un suave rostro de la más incomparable belleza.

—En conjunto es buen lote, un lote diabólicamente bueno —dijo, reforzando esa opinión con un adjetivo que difícilmente encontraríamos en un vocabulario cristiano.

Salimos al patio. Un gran número de esclavos, puede que unos treinta, daban vueltas o estaban sentados en los bancos bajo el cobertizo. Todos iban bien vestidos, los hombres con sombreros, las mujeres con pañuelos en la cabeza.

Burch y Goodin, después de alejarse, subieron las escaleras de la parte trasera del edificio principal y se sentaron bajo el umbral de la puerta. Empezaron a hablar sobre algo, aunque yo no podía oírlos. Burch bajó de nuevo al patio, me desencadenó y me llevó a una de las habitaciones pequeñas.

—Le dijiste que vienes de Nueva York —dijo.

—Yo le dije que había llegado hasta Nueva York, sin duda, pero no le dije que hubiera nacido o viviera allí, ni que fui un hombre libre. No pretendía causar ningún problema, amo Burch. No lo hubiera dicho si lo hubiese pensado —respondí.

Me miró un momento como si quisiera devorarme, luego se dio la vuelta y salió. A los pocos minutos regresó.

—Si alguna vez te oigo hablar otra vez sobre Nueva York, o sobre tu libertad, será tu muert. Te mataré, puedes estar bien seguro —exclamó con fiereza.

No dudo de que en ese momento él comprendía mejor que yo el peligro y el castigo por convertir a un hombre libre en un esclavo. Sintió la necesidad de hacerme callar por el crimen que era consciente de estar cometiendo. Por supuesto, mi vida no habría valido ni un centavo si se hubiera dado una situación de peligro que requiriera mi sacrificio. Sin lugar a dudas, pretendía afirmar precisamente lo que dijo.

Bajo el cobertizo, en un extremo del patio, habían levantado un tosco tablón, encima del cual dormían algunos esclavos, igual que en el barracón de Washington. Después de comer sobre el tablón nuestra cena, la carne de cerdo y el pan, me encadenaron a un gran mulato, bastante grueso, con un expresivo rostro lleno de melancolía. Era un hombre inteligente y formado. Encadenados uno al otro, no pasó mucho tiempo antes de que conociéramos las historias de cada uno. Su nombre era Robert. Al igual que yo, había nacido libre, y tenía una esposa y dos hijos en Cincinnati. Dijo que había llegado al Sur acompañado por dos hombres, que lo habían contratado en la ciudad. Sin el salvoconducto, había sido apresado en Fredericksburgh, confinado y golpeado hasta que había aprendido, como yo, la necesidad de permanecer en silencio. Llevaba ya unas tres semanas en el barracón de Goodin. Nos convertimos en amigos íntimos. Podíamos mantener largas conversaciones y nos entendíamos perfectamente. Pocos días después, con lágrimas en los ojos y el corazón encogido lo vi morir y observé por última vez su cuerpo sin vida.

Robert, Clem, Eliza y los niños y yo dormimos esa noche bajo nuestras mantas, en una de las casitas del patio. Había otros cuatro en la habitación, todos de la misma plantación, que habían sido vendidos y ahora iban de camino al sur. David y su esposa Caroline, ambos mulatos, estaban sumamente apenados. Estaban aterrados por la idea de acabar en los campos de caña y algodón, pero su mayor preocupación era la posibilidad de que los separaran. Mary, una chica alta y esbelta, de un color negro ébano, era apática y aparentemente indiferente. Como muchos otros esclavos apenas era consciente de que existía la palabra «libertad». Criada en la ignorancia bestial, no poseía más inteligencia que la de un bruto. Era una de ésos (y había muchos) que temen tan sólo el látigo del amo y que no conocen otro deber que obedecer su voz. La otra era Lethe. Un carácter completamente diferente. De pelo largo y lacio, parecía más una india que una negra. De ojos afilados y rencorosos, no conocía otro lenguaje que el odio y la venganza. Habían vendido a su marido y no sabía dónde estaba. Un cambio de amo no podía empeorar su situación. No le importaba dónde pudieran llevarla. Señalando las cicatrices en su rostro, la desesperada criatura pedía que llegara el día en que pagara su dolor la sangre del negrero.

Mientras conocíamos las historias de miseria de los demás, Eliza permanecía en un rincón sola, cantando himnos y rezando por sus hijos. Agotado por la falta de sueño, ya no era capaz de soportar los rezos al «dulce Salvador», me recogí al lado de Robert, en el suelo, y pronto olvidé mis preocupaciones y dormí hasta el amanecer del día siguiente.

Por la mañana, después de barrer el patio y lavarnos, bajo intendencia de Goodin, se nos ordenó enrollar nuestras mantas y prepararnos para continuar el viaje. Clem Ray fue informado de que no iba a continuar con nosotros. Burch, por alguna razón, había decidido llevarlo de nuevo a Washington. Estaba muy contento. Nos dio la mano, nos separamos en el barracón de esclavos de Richmond y no volví a verlo desde entonces. Pero, para mi gran sorpresa, al regresar a casa me enteré de que había escapado y había conseguido llegar hasta la tierra libre de Canadá. Se presentó una noche en la casa de mi cuñado, en Saratoga, e informó a mi familia del lugar y el estado en que me dejó.

Por la tarde nos hicieron formar en filas de dos, Robert y yo delante, y en este orden y azuzados por Burch y Goodin fuimos desde el patio, por las calles de Richmond, hasta el barco *Orleans*. Era un buque de tamaño respetable, bien aparejado y fletado principalmente para el comercio de tabaco. A las cinco en punto estábamos todos a bordo. Burch nos dio a cada uno un tazón y una cuchara. Había cuarenta esclavos en el barco, es decir todos los que estábamos en el barracón, excepto Clem.

Con una navajita que no me habían requisado empecé a marcar las iniciales de mi nombre en el tazón de peltre. Los otros se me acercaron enseguida para pedirme que marcara también los suyos.

De noche dormíamos como polizones en la bodega, en cajas, o dondequiera que hubiera espacio suficiente para poner las mantas en el suelo.

Burch no nos acompañó más allá de Richmond, y regresó a la capital con Clem. No volví a ver su rostro hasta doce años después, el pasado enero, en la comisaría de policía de Washington.

James H. Burch era un traficante de esclavos, compraba hombres, mujeres y niños a precios bajos y los vendía al alza. Era un especulador de carne humana con una pésima reputación, y así estaba considerado en el Sur. Por ahora desaparece de las siguientes escenas de esta narración, pero volverá a aparecer antes de la conclusión, no ya como un tirano con látigo, sino como un repugnante criminal arrestado y juzgado en un tribunal, aunque no se pudo hacer justicia con él.

5

Tras subir todos a bordo, el *Orleans* avanzó por el río James. Pasamos por la bahía de Chesapeake y llegamos al día siguiente a la ciudad de Norfolk. Mientras estábamos anclados, una gabarra se acercó a nosotros desde la ciudad con cuatro esclavos más. Frederick, un muchacho de dieciocho años que había nacido esclavo, al igual que Henry, que era un poco mayor. Habían sido criados domésticos en la ciudad. Mary era una chica de color que parecía distinguida, con una figura impecable, pero ignorante y superficial. La idea de ir a Nueva Orleans no le era desagradable. Tenía una gran opinión de sus propios atractivos y adoptaba una actitud de altivez. Declaró a sus compañeros que no tenía ninguna duda de que en cuanto llegáramos a Nueva Orleans algún acaudalado caballero de gusto refinado la compraría enseguida.

Pero el más destacado de los cuatro era un hombre llamado Arthur. Mientras se acercaba la gabarra luchó valientemente contra sus carceleros. Sólo con grandes esfuerzos fue arrastrado hasta el barco.

A voz en grito protestó por el trato recibido, y exigió ser puesto en libertad. Su rostro estaba abotargado y cubierto de heridas y moretones, y, de hecho, un lado estaba completamente hinchado. Lo obligaron a viva fuerza a bajar por la escotilla a la bodega. Capté un esbozo de su historia mientras luchaba por liberarse, historia que me relató después de forma más completa. Había vivido mucho tiempo en Norfolk como hombre libre, tenía una familia que vivía allí y era albañil. Había sido detenido cuando regresaba a su casa en los suburbios, a altas horas de la noche. Atacado por un grupo de personas en una calle poco frecuentada. Luchó hasta que le fallaron las fuerzas. Dominado por fin, lo amordazaron y ataron con cuerdas y lo golpearon hasta que perdió el conocimiento. Durante varios días lo mantuvieron encerrado en el barracón de esclavos de Norfolk, edificios muy comunes, al parecer, en todas las ciudades del Sur. La noche anterior lo habían sacado y subido a bordo de la gabarra que remontaba la costa y esperaba nuestra llegada. Continuó durante algún tiempo con sus protestas. Era del todo incombustible. A la larga, sin embargo, se quedó en silencio. Se hundió en un estado de ánimo sombrío y pensativo. Parecía reflexionar. Había algo en la cara decidida del hombre que sugería una total y absoluta desesperación.

Después de abandonar Norfolk nos quitaron los grilletes, y durante el día se nos permitió permanecer en cubierta. El capitán eligió a Robert como su camarero, y yo fui designado para dirigir la cocina y la distribución de los alimentos y el agua. Tenía tres ayudantes, Jim, Cuffee y Jenny. La tarea de Jenny era preparar el café, que consistía en harina de maíz tostada en una cafetera, hervida y endulzada con melaza. Jim y Cuffee horneaban las tortas de maíz y asaban el tocino.

De pie junto a una mesa, un amplio tablero que descansaba sobre la parte superior de unos barriles, cortaba y servía a cada uno una porción de carne y una rebanada de pan, con una taza de café de Jenny para cada uno. No nos dieron plato alguno, y los dedos negros remplazaron cuchillos y tenedores. Jim y Cuffee eran muy serios y atentos a sus quehaceres, algo envanecidos por su situación como segundo cocineros, y sin duda con la sensación de que sobre ellos recaía una gran responsabilidad. A mí me nombraron mayordomo, nombramiento que me dio el capitán.

A los esclavos los alimentaban dos veces al día, a las diez y a las cinco, y recibían siempre el mismo tipo y cantidad de comida, y de la forma que he descrito anteriormente. Por la noche nos llevaban a la bodega y nos encadenaban diligentemente. Apenas nos alejamos fuera de la vista de la costa cuando nos alcanzó una violenta tormenta. El barco zozobraba y se sumergía hasta que temimos que se hundiera. Algunos estaban mareados, otros rezaban de rodillas, mientras que algunos sostenían rápidamente a aquellos que desfallecían paralizados por el miedo. Los mareos y los vómitos convirtieron el espacio de nuestro confinamiento en algo repugnante y asqueroso.

Hubiera sido un feliz acontecimiento para la mayoría de nosotros, que habría salvado a muchos de la agonía de cientos de latigazos y muertes miserables, si el mar compasivo nos hubiese arrebatado ese día de las garras de los hombres implacables. La imagen de Randall y la pequeña Emmy hundiéndose entre las monstruosas profundidades es una imagen más agradable que el recuerdo de las vidas a las que han acabado reducidos. Les habría arrancado de una dura vida de penurias y castigos.

Cerca de los bancales de Bahama, en un lugar llamado Old Point Compass, o Hole in the Wall, quedamos varados tres días. Apenas corría un soplo de aire. Las aguas del golfo presentan un singular aspecto blanquecino, como de agua caliza.

Siguiendo el orden de los acontecimientos, llego a la relación de un evento que regresa a mi mente con sensaciones de profundo remordimiento. Doy gracias a Dios, que me ha permitido escapar al yugo de la esclavitud y que a través de su misericordiosa intervención me impidió bañar mis manos con la sangre de sus criaturas. Aquellos que no se han encontrado nunca en las mis circunstancias no deben juzgarme con dureza. Hasta que no los hayan encadenado y molido a golpes, hasta que se encuentren en mi misma situación, arrastrados lejos de casa y de la familia hacia una tierra de esclavitud, que se abstengan de decir lo que no harían por la libertad. No es necesario especular ahora mismo sobre hasta qué punto podrían justificarse mis acciones ante los ojos de Dios y de los hombres. Baste decir que puedo felicitarme de haber resuelto sin violencia un asunto que me amenazó por un tiempo.

Al anochecer del primer día de calma chicha, Arthur y yo estábamos en la proa del barco sentados en el molinete. Conversábamos sobre lo que el destino nos deparaba y nos lamentábamos de nuestras desgracias. Arthur dijo, y yo estuve de acuerdo con él, que la muerte era un destino menos terrible que la perspectiva que la vida nos estaba ofreciendo. Durante largo rato hablamos de nuestros hijos, de nuestras vidas pasadas y de las probabilidades de escapar. Uno de nosotros sugirió tomar el control del barco. Discutimos sobre la eventualidad y sobre si seríamos capaces, en tal caso, de llegar hasta el puerto de Nueva York. Yo sabía muy poco de navegación, pero la idea del peligro era muy apetecible y atractiva. Nos planteamos las posibilidades que tendríamos en un enfrentamiento con la tripulación. ¿En quién se podía confiar? ¿En quién no se podía confiar? ¿Cuál era el momento apropiado y la estrategia a seguir? Eran las cuestiones sobre las que discutíamos una y otra vez. Desde el momento en que plan se sugirió comencé a albergar esperanzas. Cavilaba constantemente sobre el asunto. Las dificultades no cesaban de surgir, pero nuestra soberbia siempre tenía soluciones a mano y nos proporcionaba ideas de cómo superarlas. Mientras otros dormían, Arthur y yo maquinábamos nuestros planes. Por fin, con mucha cautela, hicimos partícipe a Robert de nuestras intenciones. Las aprobó enseguida y entró en la conspiración con gran entusiasmo. No había otro esclavo en el que nos atreviéramos a confiar. Criados como habían sido en el miedo y la ignorancia, apenas podía concebirse hasta qué punto temblaban servilmente ante la mirada de un hombre blanco. No era seguro depositar semejante secreto a ninguno de ellos, y finalmente resolvimos actuar nosotros solos.

Por la noche, tal como he dicho antes, nos encerraban en la bodega y la escotilla se cerraba. La primera dificultad era llegar a la cubierta. Pero había observado en la proa del barco el pequeño bote boca abajo. Se me ocurrió que si nos escondíamos debajo no nos echarían de menos, ya que estarían ocupados encerrando a los demás en la bodega. Acordamos que yo haría la primera tentativa, con el fin de asegurar a los demás de la viabilidad de la misma. A la noche siguiente, por lo tanto, después de la cena, aproveché mi oportunidad y me oculté debajo del bote. Situado cerca de la cubierta, pude observar lo que sucedía a mi alrededor. Pasé totalmente desapercibido por la mañana, y cuando mis compañeros salieron de la bodega me deslicé de mi escondite sin ser visto. El resultado fue totalmente satisfactorio.

El capitán y la tripulación dormían en la cabina de primera. Por Robert, que tuvo frecuentes ocasiones en su calidad de camarero de observar la cabina, pudimos comprobar la posición exacta de sus respectivas literas. Nos informó además de que había siempre dos pistolas y un machete sobre la mesa. El cocinero de la tripulación dormía en la cocina de cubierta, una especie de carrillo sobre ruedas que podía moverse a conveniencia, mientras que el resto de marineros, que eran sólo seis, dormían en el castillo de proa, o en hamacas que se balanceaban entre las jarcias.

Finalmente nuestras disposiciones concluyeron. Arthur y yo debíamos infiltrarnos silenciosamente en el camarote del capitán, apoderarnos de las pistolas y el machete y matar al capitán y a la tripulación lo más rápidamente posible. Robert permanecería de pie junto a la puerta que daba a la cabina con un garrote, y en caso de necesidad haría retroceder a los marineros hasta que pudiéramos acudir en su ayuda. A partir de ese momento procederíamos según requirieran las circunstancias. En caso de que el ataque fuese veloz y exitoso y no provocase resistencia, no bajaríamos a la bodega; de lo contrario deberíamos pedir ayuda al resto de los esclavos, y en la aglomeración y la confusión del momento, resolveríamos si recuperar nuestra libertad o perder la vida. Yo asumiría posteriormente el pilotaje del barco y pondría rumbo al norte hasta que algún viento ventajoso nos devolviese a la tierra de la libertad.

El nombre del tripulante era Biddee. No puedo recordar el nombre del capitán, aunque casi nunca olvido un nombre una vez lo escucho. El capitán era un hombre pequeño, elegante, rígido y vivaz, de porte orgulloso, y que parecía la personificación de la valentía. Si vive aún y estas páginas llegan a sus ojos, comprenderá un hecho relacionado con el viaje del barco de Richmond a Nueva Orleans, en 1841, que no anotó en su cuaderno de bitácora.

Estábamos preparados y esperábamos con impaciencia la oportunidad de ejecutar nuestros planes cuando se frustraron por un acontecimiento triste e imprevisto. Robert se puso enfermo. Pronto se evidenció que tenía viruela. Continuó agravándose y murió cuatro días antes de la llegada a Nueva Orleans. Uno de los marinos le cosió a su manta, le ataron una gran piedra a los pies, lo apoyaron en una escotilla y lo elevaron con aparejos por encima de la barandilla. El cuerpo inanimado del pobre Robert fue entregado a las blancas aguas del golfo.

Todos estábamos aterrorizados por la aparición de la viruela. El capitán ordenó rociar con cal el castillo de proa, y se tomaron otras prudentes precauciones. Sin embargo, la muerte de Robert y la presencia de la enfermedad me oprimían el alma. Observaba las inmensas extensiones de agua con un espíritu realmente desconsolado.

Una noche o dos después de la muerte de Robert, estaba apoyado en la escotilla, cerca del castillo de proa, centrado en mis aciagos pensamientos, cuando un marinero con una voz amable me preguntó por qué estaba tan desanimado. El tono y el aspecto del hombre me daban confianza, y le contesté que yo era un hombre libre y que había sido secuestrado. Comentó que era más que suficiente para que cualquiera se sintiera descorazonado, y continuó interrogándome hasta que conoció todos los detalles de mi historia. Evidentemente estaba muy interesado en agradarme, y, en el tono franco de un marinero, prometió que me ayudaría en lo posible, si estaba en sus manos. Le pedí que me proporcionara pluma, tinta y papel para que pudiera escribir a algunos amigos. Me juró que los conseguiría, pero era difícil usarlos sin que nadie se apercibiera. Si hubiera podido entrar en el castillo de proa en el momento de su guardia mientras el resto de marinos dormía, el plan tenía alguna oportunidad de funcionar. Al instante se me ocurrió usar el bote. Él pensaba que no estábamos lejos de Le Balize, en la desembocadura del Mississippi, y era necesario que la carta se escribiera ya, o perdería toda oportunidad. Acordamos poner en marcha el plan y la madrugada siguiente me las arreglé para esconderme de nuevo bajo el bote. Su guardia empezaba a las doce. Lo vi entrar al castillo de proa y al cabo de una hora lo seguí. Estaba dando cabezadas sobre una mesa medio dormido, y una luz mortecina titilaba. Había una pluma y una hoja de papel. Al entrar se despertó y me hizo señas para que me sentara a su lado y me señaló el papel. Dirigí la carta a Henry B. Northup, de Sandy Hill, declarando que había sido secuestrado, que estaba a bordo del *Orleans* con destino a Nueva Orleans, que me era imposible adivinar mi destino final, y le rogaba que tomara las medidas necesarias para rescatarme. Sellé la carta y escribí el destinatario, y Manning, después de leerla, se comprometió a depositarla en la oficina de correos de Nueva Orleans. Me apresuré a regresar a mi escondrijo, y por la mañana, en el momento en que los esclavos salían de la bodega, me deslicé sin ser visto y me mezclé entre ellos.

Mi buen amigo, cuyo nombre era John Manning, era inglés, y un generoso marinero de noble corazón como ninguno que haya pisado una cubierta. Había vivido en Boston. Era un hombre alto, fornido, de unos veinticuatro años, con la cara algo picada por la viruela, pero con una expresión que era profundamente bondadosa.

Ningún suceso alteró la monotonía de nuestra vida cotidiana hasta que llegamos a Nueva Orleans. Al llegar al dique, y antes de de que el buque continuara adelante, vi a Manning saltar a tierra y dirigirse a la ciudad. Al volverse y mirar por encima del hombro de forma significativa me dio a entender el objeto de su premura. Al regresar, y pasar por mi lado, me golpeó con el codo, me hizo un guiño peculiar y me soltó un «todo bien».

La carta, como supe después, llegó a Sandy Hill. El señor Northup visitó Albany y la mostró al gobernador Seward, pero no había indicación sobre mi posible paradero y no pudieron, en ese momento, tomar medidas para mi liberación. Llegaron a esa conclusión confiando en que eventualmente podrían averiguar dónde estaba.

Presenciamos una escena alegre y conmovedora a nuestra llegada al dique. En el mismo instante en que Manning abandonaba el barco, dos hombres se acercaron y llamaron a gritos a Arthur. Éste, al reconocerlos, se volvió loco de alegría. Apenas pudimos impedir que saltara por la borda, y cuando subieron al barco, les estrechó calurosamente las manos, y no se apartó de ellos en ningún momento. Eran hombres de Norfolk que habían llegado desde Nueva Orleans para rescatarlo. Según le informaron, sus secuestradores habían sido detenidos y posteriormente recluidos en la prisión de Norfolk. Conversaron unos minutos con el capitán, y luego se marcharon con el dichoso Arthur.

Pero entre toda la multitud que atestaba el muelle, no había nadie que me conociera o se preocupara por mí. Ni uno solo. Ninguna voz familiar llegó a mis oídos, ningún rostro que hubiera visto antes. Pronto Arthur volvería para reunirse con su familia, y tendría la satisfacción de ver sus agravios vengados. Por desgracia yo no sabía si volvería a ver a mi familia. Me embargaba un sentimiento de desolación, agravado por la desesperante y lamentable sensación de no haberme hundido con Robert en el fondo del mar.

Muy pronto los comerciantes y consignatarios subieron a bordo. Uno de ellos, un hombre alto, de rostro enjuto, tez clara y un poco encorvado hizo su aparición con un papel en la mano. El grupo de Burch, compuesto por Eliza, sus hijos, Harry, Lethe, algunos otros que se nos habían unido en Richmond y yo fuimos enviados con él. Este caballero era el señor Theophilus Freeman. Leyó el papel y llamó a Platt. Nadie respondió. Le llamó una y otra vez, pero nadie respondió. Entonces llamó a Lethe, a Eliza, a Harry, hasta que la lista se terminó y cada uno había dado un paso al frente al ser nombrado.

–Capitán, ¿dónde está Platt? –exigió Theophilus Freeman.

El capitán no fue capaz de contestarle si alguien de a bordo respondía a ese nombre.

–¿Quién embarcó a este negro? –preguntó de nuevo al capitán, señalándome.

–Burch –respondió el capitán.

–Tu nombre es Platt. Respondes a mi descripción. ¿Por qué no has dado un paso al frente? –me preguntó enojado.

Le respondí que ése no era mi nombre, que nunca me habían llamado así.

–Bueno, voy lograr que aprendas tu nombre –dijo él–, y te prometo que no volverás a olvidarlo –agregó.

El señor Theophilus Freeman no tenía nada que envidiarle a su compañero Burch como especialista en blasfemias. En el barco se me conocía con el nombre de «mayordomo», y ésta había sido la primera ocasión en que alguien usaba el nombre de Platt, el nombre remitido por Burch a su consignatario. Desde la embarcación observé a un grupo de encadenados trabajando en el dique. Pasamos a su lado en nuestro camino hacia el barracón de esclavos de Freeman. Era muy parecido al de Goodin en Richmond, excepto porque el patio estaba rodeado por una valla de puntiagudos listones de madera en lugar de las paredes de ladrillo.

Con nosotros había por lo menos cincuenta esclavos en el barracón. Una vez guardadas nuestras mantas en uno de los pequeños edificios del patio, y después de agruparnos y alimentados, nos permitieron pasear por el recinto hasta la noche, cuando nos envolvimos nuestras mantas y nos cobijamos bajo el tejado, en el desván o en el patio, a la elección de cada uno.

No dormí mucho esa noche. Estaba inmerso en arduas reflexiones. ¿Cómo era posible que estuviera a miles de kilómetros de casa? ¿Qué me hubieran trajinado por las calles como si fuera una vulgar bestia? ¿Qué me hubieran encadenado y golpeado sin piedad? ¿Que me encontrase rodeado por una manada de esclavos, y esclavo yo mismo? ¿Eran reales los acontecimientos de las últimas semanas? Nada era un sueño. Mi tolerancia al dolor estaba a punto de desbordarse. Alcé mis manos a Dios, y en las vigilia de la noche, rodeado por las formas durmientes de mis compañeros, supliqué misericordia para los pobres y los cautivos desamparados. Vertí sobre el Padre Todopoderoso de todos nosotros, hombres libres y esclavos, las súplicas de mi espíritu quebrantado, le imploré a las fuerzas divinas que lograra soportar mis problemas hasta el momento en que la luz de la mañana despertó a los durmientes. Había comenzado otro día de servidumbre.

6

El amable y piadoso señor Theophilus Freeman, socio o consignatario de James H. Burch y encargado del barracón de esclavos de
Nueva Orleans, estaba ya entre sus animales por la mañana. Con
una ocasional patada a los hombres y mujeres de más edad, y unos
cuantos agudos chasquidos del látigo sobre los oídos de los esclavos
más jóvenes, no pasaba mucho tiempo antes de que todos se pu-
sieran en movimiento, y bien despiertos. El señor Theophilus Freeman se afanaba de una forma muy esforzada y preparaba sus
propiedades como un tendero, con la intención, sin lugar a dudas,
de hacer un provechoso negocio aquel día.

En primer lugar tuvimos que lavarnos a fondo, y los que tenían
barba afeitarse. Luego nos vestimos todos con trajes nuevos, bara-
tos pero limpios. Los hombres con sombrero, capa, camisa, pantalones y zapatos; las mujeres con vestidos de percal y pañuelos
para las cabezas. Después nos condujeron a una gran sala en la
parte delantera del edificio, junto al patio, con el fin de recibir las

instrucciones adecuadas antes de la llegada de los clientes. Los hombres estaban dispuestos en un extremo de la estancia, las mujeres en el otro. El más alto se colocó al principio de la fila y los restantes en orden decreciente de altura. Emily estaba al final de la fila de las mujeres. Freeman nos recordó nuestra posición, nos exhortó a parecer inteligentes y vivaces, a veces mediante amenazas. Durante el día nos entrenaba en el arte de «parecer una persona avispada», y de movernos a donde nos mandaban con una precisión exacta.

Por la tarde, después de darnos de comer, estábamos de nuevo desfilando y nos hicieron bailar. Bob, un chico de color que había pertenecido mucho tiempo a Freeman, tocó el violín. De pie junto a él, me atreví a preguntarle si podía tocar *Virginia Reel*. Me contestó que no, y me preguntó si sabía tocar. Respondí afirmativamente y me entregó el violín. Toqué una melodía. Freeman me ordenó que no parase, y parecía muy complacido. Le dijo a Bob que yo lo había superado por mucho, un comentario que pareció preocupar seriamente a mi compañero de música.

Al día siguiente, muchos clientes se acercaron para examinar el «nuevo lote» de Freeman. Fue muy locuaz y se explayó largamente sobre nuestros puntos fuertes y nuestras muchas cualidades. Nos obligaba a mantener alzadas las cabezas y caminar a paso rápido arriba y abajo mientras los clientes nos palpaban manos, brazos y cuerpos, nos hacían dar media vuelta, nos preguntaban qué sabíamos hacer, nos hacían abrir la boca y mostrar los dientes como un jockey examina a un caballo que está a punto de adquirir. A veces, se llevaban a un hombre o una mujer a la casita del patio, los desnudaban e inspeccionaban minuciosamente. Las cicatrices en la espalda de un esclavo estaban consideradas como prueba de un espíritu rebelde y desobediente, y perjudicaban su venta.

Un caballero de cierta edad dijo que necesitaba un cochero y pareció encapricharse conmigo. De su conversación con Freeman, me enteré de que vivía en la ciudad. Deseé con todas mis fuerzas que me comprase, porque imaginé que no me sería demasiado difícil escapar de Nueva Orleans en algún vapor que se dirigiera al norte. Freeman le pidió mil quinientos dólares por mí. El anciano afirmó que era demasiado porque los tiempos eran muy duros. Freeman, sin embargo, declaró que yo estaba sano y en buen estado, de buena constitución, y listo. Se explayó además sobre mis habilidades musicales. El anciano caballero argumentó de forma bastante hábil que no había nada de extraordinario en aquel negro, y finalmente, y a mi pesar, se fue, no sin antes afirmar que volvería. Durante el día, sin embargo, se hicieron una serie de ventas. David y Caroline fueron adquiridos juntos por un propietario de Natchez. Se fueron con una amplia sonrisa y la más absoluta felicidad por el mero hecho de que no los habían separado. Lethe fue vendida a un propietario de Baton Rouge, y sus ojos brillaban de ira mientras se la llevaban.

El mismo hombre también compró a Randall. Al pequeño le hicieron saltar y correr por el suelo, y realizar otras peripecias, exhibiendo su energía y condición. Durante el transcurso de la transacción, Eliza gemía en voz alta y se retorcía las manos. Rogó al hombre que no lo comprase, a menos que la comprase también a ella y a Emily. Le prometió ser la más fiel de las esclavas que jamás haya existido. El hombre respondió que no se lo podía permitir, y Eliza se abandonó a un paroxismo de dolor. Lloraba desconsolada.

Freeman se volvió salvajemente hacia ella con el látigo alzado en la mano, ordenándole que parara o la azotaría. No permitía tales lloriqueos durante el trabajo, y a menos que ella parase enseguida, la llevaría al patio y le daría cien latigazos. Sí, le arrancaría las tonterías bastante rápido, y si no lo conseguía, la mataría. Eliza se encogió ante él, y trató de enjugarse las lágrimas, pero todo fue en vano. Dijo que quería estar con sus hijos el poco tiempo que le quedaba de vida. Todos los ceños fruncidos y las amenazas de Freeman no sirvieron para silenciar a la madre afligida. Continuó rogando y suplicando de la forma más lastimosa que no la separasen de su hijo. Una y otra vez les dijo cuánto quería a su hijo. Repitió un montón de veces sus anteriores promesas, cuán fiel y obediente sería, cuán duro trabajaría día y noche, hasta el último instante de su vida, si los compraban a todos juntos. Pero fue en vano, el hombre no podía permitírselo. Se selló el trato, y Randall se tuvo que ir solo. En ese momento Eliza corrió hacia él, lo abrazó con amor, lo besó innumerables veces y le dijo que nunca lo olvidaría. Mientras lo decía, sus lágrimas caían sobre el rostro del niño como lluvia.

Freeman la maldijo, la insultó por su debilidad y le ordenó que regresara a su sitio y se comportara. Le juró que en poco tiempo lo olvidaría. Pronto le daría algo por lo que llorar, si no se controlaba.

El propietario de Baton Rouge estaba listo para irse con sus recientes adquisiciones.

–No llores, mamá. Seré un buen chico. No llores –dijo Randall mirando hacia atrás al cruzar la puerta.

Qué se habrá hecho del muchacho, sólo Dios lo sabe. Fue una escena realmente triste. Habría llorado sin dudarlo si me hubiera atrevido.

Esa noche, casi todos los que vinimos en el *Orleans* enfermamos. Teníamos fuertes dolores en la cabeza y la espalda. La pequeña Emily, algo inusual con ella, gritaba sin cesar. Por la mañana llamaron a un médico, pero no fue capaz de determinar la naturaleza de nuestra enfermedad. Mientras me examinaba me iba haciendo preguntas relacionadas con mis síntomas, y le dije que en mi opinión era un ataque de viruela. Le mencioné que la razón de mi aseveración era la muerte de Robert. Puede que tuviera razón, dijo, e hizo llamar al médico jefe del hospital. Al cabo de poco, el médico jefe entró. Era un hombrecillo rubio a quien llamaban doctor Carr. Afirmó que era viruela, con lo cual la alarma se extendió por todo el patio. Poco después de la marcha del doctor Carr, Eliza, Emmy, Harry y yo fuimos introducidos en un carro y conducidos al hospital, un gran edificio de mármol blanco que se elevaba a las afueras de la ciudad. A Harry y a mí nos internaron en una habitación en uno de los pisos superiores. Me puse muy enfermo. Durante tres días, estuve totalmente ciego. En esas condiciones, un día apareció Bob y le dijo al doctor Carr que Freeman lo había enviado para informarse sobre el estado de sus esclavos.

–Dile –dijo el doctor– que Platt está realmente mal, pero que si sobrevive hasta las nueve, puede que se recupere.

Creí morir. Aunque en mis perspectivas no había mucho por lo que valiera la pena vivir, la cercanía de la muerte me horrorizó. Pensé que podría haberme abandonado sin problema a la muerte si me hubiese encontrado en el seno de mi familia, pero morir entre extraños, y en tales circunstancias, era un amargo pensamiento.

En el hospital había un gran número de personas de ambos sexos y de todas las edades. En la parte trasera se fabricaban los ataúdes para los muertos. Cuando uno moría, sonaba la campana, una señal para avisar al enterrador, y que éste se llevara el cuerpo para el cementerio de los pobres. Muchas veces, tanto de día como de noche, la campana dejaba oír su melancólica voz anunciando una nueva muerte. Pero mi tiempo aún no había llegado. Superé la enfermedad, empecé a revivir y al cabo de dos semanas y dos días regresé con Harry al barracón, con los efectos de la enfermedad profundamente marcados en mi rostro, que a día de hoy aún me desfiguran. Eliza y Emily también regresaron al día siguiente en una carreta, y de nuevo nos obligaron a desfilar en la habitación de las ventas para la inspección y el examen de los compradores. Todavía conservaba la esperanza de que el anciano caballero en busca de un cochero regresara, tal como había prometido, y me comprara. En tal caso, sentía una gran confianza en que pronto podría recuperar mi libertad. Entraron varios clientes, pero el viejo caballero nunca regresó.

Un día, por fin, mientras estábamos en el patio, Freeman salió y nos ordenó que ocupásemos nuestros puestos en la gran sala. Un señor nos estaba esperando cuando entramos, y en la medida en que lo mencionaré a menudo en el curso de esta narración, la descripción de su apariencia personal y mi estimación de su carácter, en la primera impresión, no fue nada desacertada.

Era un hombre por encima de la estatura media, un poco cargado de espaldas. Era bien parecido, y parecía haber alcanzado la mediana edad de la vida. No había nada desagradable en su aspecto, y además, tenía algo alegre y atractivo en su rostro y en su tono de voz. Se movía entre nosotros, nos hacía muchas preguntas sobre lo que éramos capaces de hacer y el tipo de trabajo al que estábamos acostumbrados, y si pensábamos que nos gustaría vivir con él. Si nos comportaríamos como era debido si nos compraba, y otra preguntas de la misma índole.

Tras un nuevo examen, y una conversación sobre los precios, le ofreció a Freeman mil dólares por mí, novecientos por Harry y setecientos por Eliza. Ya fuera porque la viruela había depreciado nuestro valor, o por otra causa, la conclusión a la que llegó Freeman era que yo valía quinientos dólares menos. En cualquier caso, después de un poco de intensa reflexión, anunció que aceptaba la oferta.

Tan pronto como Eliza lo oyó, cayó en un nuevo estado de agonía. Para entonces se había convertido en un ser demacrado y ojeroso, a causa de la enfermedad y la tristeza. Sería un alivio si pudiera pasar sistemáticamente por alto la escena que se produjo. Me devuelve a la memoria uno de los recuerdos más tristes que se puedan imaginar. He visto a madres besando por última vez los rostros de sus hijos muertos; las he visto mirando hacia sus tumbas, mientras la tierra caía con un ruido sordo sobre sus ataúdes, apartándolos de su vista para siempre, pero no he visto nunca una exposición de tan intensa, desmedida e ilimitada aflicción, como cuando Eliza fue separada de su hija. Abandonó su lugar en la fila de las mujeres, y corrió hacia donde Emily estaba de pie y la tomó en sus brazos. La niña, percibiendo algún peligro inminente, se sujetó instintivamente al cuello de la madre, y recostó su cabecita sobre su pecho. Freeman le ordenó con severidad que se callara, pero ella no le hizo el menor caso. La agarró por el brazo y tiró de ella de forma brutal, pero eso sólo consiguió que se aferrara con más fuerza aún a la niña. Luego, con una sarta de brutales improperios, le dio un golpe tan brutal, que ella se tambaleó hacia atrás, y cayó al suelo. Entonces rogó y suplicó y rezó de la forma más lastimosa para que no las separaran.

¿Por qué no podían comprarlas a las dos? ¿Por qué no dejar que ella se quedara con uno de sus queridos hijos?

–¡Misericordia, misericordia, amo! –exclamó, cayendo de rodillas–. Por favor, amo, compre a Emily. No podré trabajar si la alejan de mí. Me moriría.

Freeman intervino de nuevo, pero, haciendo caso omiso de él, explicó cómo le habían arrebatado a Randall, como nunca volvería a verlo, y ahora era demasiado malvado, ¡oh, Dios!, era demasiado malvado, demasiado cruel, que le arrebataran también a Emily, su orgullo, lo único que amaba. ¡Que no sería capaz de sobrevivir sin su madre! ¡Era demasiado pequeña!

Finalmente, tras muchas más suplicas, el comprador de Eliza dio un paso adelante, evidentemente conmovido, y le dijo a Freeman que quería comprar a Emily, y le preguntó el precio.

–¿Qué cuánto vale? ¿Quiere comprarla? –le pregunto como respuesta Theophilus Freeman. Y al instante se respodió a su propia pregunta–: No voy a venderla. No está en venta.

El hombre comentó que no tenía necesidad de alguien tan joven, que no le sería de ningún provecho, pero ya que la madre la quería de una forma tan apasionada, en lugar de verlas separadas, estaba dispuesto a pagar por ella un precio razonable. Pero a esta humana propuesta Freeman fue completamente sordo. No la vendería bajo ningún concepto. Sacaría montones y montones de dinero por ella, según dijo, cuando tuviera unos años más. Había hombres más que suficientes en Nueva Orleans que pagarían cinco mil dólares por la bella pieza de lujo en que Emily eventualmente se convertiría. No, no, no la vendería en aquel momento. Era una belleza digna de un cuadro, una muñeca, de buena cuna, no uno de aquellos negros recolectores de algodón de labios gruesos y cabezas gigantes.

Cuando Eliza escuchó la determinación de Freeman de no vender a Emily, se volvió absolutamente frenética.

–No me iré sin ella. No la alejarán de mí –chilló con fuerza. Sus chillidos se mezclaban con los enojados gritos de Freeman, que le ordenaban silencio.

Mientras tanto, Harry y yo habíamos atravesado el patio y regresado con nuestras mantas, y estábamos en la puerta preparados para partir. Nuestro comprador estaba a nuestro lado, mirando a Eliza con una indicativa expresión de pesar por haberla comprado a costa de tanto dolor. Esperamos un rato, hasta que Freeman perdió la paciencia y arrancó a Emily de los brazos de su madre por la fuerza. Ellas se abrazaban a su vez con todas sus fuerzas.

–No me dejes, mamá, no me dejes –gritó la niña, mientras arrastraban a su madre con fuerza–. No me dejes; vuelve mamá –gritó, extendiendo sus bracitos implorantes.

Pero gritó en vano. En la calle nos obligaron a apresurarnos. Aún podíamos escucharla llamando a su madre:

–¡Vuelve, no me dejes; vuelve, mamá! –su voz infantil se debilitó más y más, y poco a poco se fue desvaneciendo, hasta que al final dejamos de oírla.

Eliza nunca vio o supo nada más de Emily o Randall. Sin embargo estaban continuamente presentes en su memoria, de día y de noche. En las plantaciones de algodón, en la choza, siempre y en todas partes, ella hablaba de ellos, a menudo a ellos, como si estuvieran allí presentes. Sólo cuando la absorbía esa ilusión, o cuando dormía, tenía realmente algunos momentos de consuelo.

No era una esclava común, como ya he dicho. A una gran parte de la inteligencia natural que poseía se añadía una vasta cultura general e información sobre la mayoría de los asuntos. Había disfrutado de oportunidades que raramente se otorgan a los de su clase oprimida. Había sido educada en regiones donde la vida era mejor. La libertad (para ella y su descendencia) había sido durante muchos años su nube durante el día, su columna de fuego por la noche. En su peregrinación por el yermo de la servidumbre, con los ojos fijos en ese faro de esperanza que la inspiraba, había finalmente ascendido a «la cumbre del Monte Nebo», y vislumbrado «la tierra prometida». Estaba completamente abrumada por la decepción y la desesperación. La gloriosa visión de la libertad se esfumó de su vista, mientras se la llevaban hacia su cautiverio. Lloraba amargamente toda la noche, y las lágrimas corrían por sus mejillas. Todos sus amigos la habían traicionado y se habían convertido en sus enemigos.

7

Al abandonar el barracón de esclavos de Nueva Orleans, Harry y yo seguimos a nuestro nuevo amo por las calles, mientras Eliza, llorando y volviéndose constantemente, fue forzada a continuar por Freeman y sus secuaces, hasta que nos encontramos a bordo del barco de vapor *Rodolph*, que nos esperaba en el puerto. Al cabo de media hora remontábamos rápidamente el Mississippi, con destino a un cierto lugar en el Red River. Además de nosotros, había un buen número de esclavos recién comprados en el mercado de Nueva Orleans. Recuerdo al señor Kelsow, de quien se decía que era un propietario bien conocido y con numerosas tierras, que llevaba a un grupo de mujeres.

El nombre de nuestro amo era William Ford. Residía entonces en el Great Pine Woods, en la parroquia de Avoyelles, situada en la orilla derecha del Red River, en el corazón de Louisiana. Ahora es un pastor baptista. A lo largo de toda la parroquia de Avoyelles, y especialmente a lo largo de las dos orillas del Bayou Boeuf, donde era sumamente conocido, está reconocido por sus conciudadanos como un digno ministro de Dios. En la mente de la mayoría de norteños la idea de un hombre que posee a su hermano como esclavo, y el concepto de la servidumbre y el tráfico de carne humana puede parecer totalmente incompatible con el concepto de una vida moral o religiosa. Las descripciones de hombres como Burch y Freeman, y de otros que mencionaré, llevan a despreciar y a execrar a todos los propietarios de esclavos de manera indiscriminada. Pero fui durante algún tiempo su esclavo y tuve la oportunidad de conocer bien su carácter y su temperamento, y no le hago más que simple justicia cuando digo que, en mi opinión, nunca hubo un alma más amable, ni hombre más noble, franco, cándido y cristiano que William Ford. Las influencias y asociaciones que lo habían rodeado durante toda su vida, le impedían ser consciente del mal inherente en el concepto mismo de esclavitud. Nunca dudó del derecho moral de un hombre a poseer a otro. Observaba la realidad a través del mismo cristal que sus padres antes que él, y veía las cosas de la misma forma. Educado en otras circunstancias y bajo otras influencias, sus opiniones, sin ninguna duda, no habrían sido las mismas. Sin embargo, era un amo modélico que caminaba por la senda de la rectitud, de acuerdo con la luz de su entendimiento, y era afortunado el esclavo que entraba en sus dominios. Si todos los hombres hubiesen sido como él, la esclavitud no habría sido ni la mitad de amarga.

Estuvimos dos días y tres noches a bordo del *Rodolph*, durante los cuales no sucedió nada que merezca la pena reseñar. Ahora era conocido como Platt, el nombre que me había dado Burch, y por el cual fui designado durante toda mi servidumbre. Eliza había sido vendida con el nombre de Dradey.

Durante nuestra travesía yo reflexionaba constantemente sobre mi situación y consultando conmigo mismo el mejor curso a seguir para tratar de escapar. A veces, no sólo entonces, sino también después, estuve a punto de revelar toda mi historia a Ford. Me inclino ahora a pensar que si lo hubiese hecho habría redundado en mi beneficio. A menudo quise hacerlo, pero el temor a que fracasase evitó que lo pusiese en ejecución, hasta que finalmente mi venta y sus dificultades pecuniarias trocaron la situación en imposible. Posteriormente, bajo otros amos, nada parecidos a William Ford, aprendí con bastante rapidez que la más mínima mención a mi verdadera identidad me consignaría inmediatamente a las profundidades más oscuras de la esclavitud. Yo era un bien mueble demasiado valioso como para perderlo, y era muy consciente de que me alejarían aún más de mi hogar, Quizás a la frontera con Texas, y que allí me venderían; que acabarían conmigo si mi derecho a la libertad se mencionaba en cualquier forma. Así que me decidí a guardar con gran celo el secreto en mi corazón, a no pronunciar nunca una palabra o sílaba sobre quién o qué o de dónde era. Confié mi liberación a la Providencia y a mi propia astucia.

Eventualmente dejamos el *Rodolph* en un lugar llamado Alexandria, a varios cientos de kilómetros de Nueva Orleans. Se trata de un pequeño pueblo en la orilla sur del Red River. Después de pasar allí la noche, cogimos el tren de la mañana, y al cabo de poco tiempo llegamos a Bayou Lamourie, un lugar todavía más pequeño, a veintinueve kilómetros de Alexandria. Era la última parada del tren. La plantación de Ford se encontraba en la carretera de Texas, a diecinueve kilómetros de Lamourie, en Great Pine Woods. Nos anunciaron que dicha distancia debía recorrerse a pie, ya que no existían medios de transporte públicos que llegasen hasta allí. Era un día muy caluroso. Harry, Eliza y yo estábamos todavía débiles, y las plantas de nuestros pies muy sensibles por los efectos de la viruela. Así que caminamos a un ritmo lento, mientras Ford nos decía que nos tomásemos nuestro tiempo y nos sentáramos a descansar cada vez que sintiéramos la necesidad, un privilegio que aprovechamos con bastante frecuencia. Después de dejar atrás Lamourie cruzamos dos plantaciones, una perteneciente al señor Carnell, y la otra al señor Flint, y finalmente llegamos a Pine Woods, un terreno que se extendía hasta el río Sabine.

Toda la campiña que rodea el Red River es llana y pantanosa. Los Pine Woods, tal como se los llama, son en comparación elevados, con multitud de pequeños arroyos. La meseta está cubierta de numerosos árboles: roble blanco, chinkapin, que se parece al castaño, pero sobre todo pino amarillo. La mayoría de gran tamaño, pues llegaban a alcanzar los dieciocho metros, y perfectamente rectos. El bosque estaba repleto de ganado, asustadizo y salvaje, que se alejaba en manadas con un sonoro gruñido en cuanto nos acercábamos. Algunos estaban marcados; otros parecían estar en su primigenio estado salvaje e indómito. Aquellas razas eran mucho más pequeñas que las del norte, y la peculiaridad que más me llamó la atención eran sus cuernos. Se destacan a los lados de la cabeza perfectamente rectos, como dos barras de hierro.

A mediodía llegamos a una pieza despejada de terreno de una hectárea y media. Había una casita de madera sin pintar, un almacén de maíz, como un granero, y una cocina de leña. Era la residencia de verano del señor Martin. Rico terrateniente, tenía grandes plantaciones en Bayou Boeuf, y estaba acostumbrado a pasar la temporada más calurosas en aquellos bosques. Allí encontraba agua clara y agradables matices de colores. De hecho, estos refugios son para los terratenientes de aquella zona del país lo que Newport y Saratoga para los ricos habitantes de las ciudades del Norte.

Nos enviaron a la cocina, y nos alimentaron con boniatos, pan de maíz y tocino, mientras que el amo Ford cenó con Martin en la casa. Había varios esclavos alrededor del edificio. Martin salió y nos echó un vistazo. Preguntó a Ford el precio de cada uno, si teníamos buenas manos, y así sucesivamente. Todas preguntas relativas al mercado de esclavos en general.

Tras un largo descanso partimos de nuevo siguiendo la carretera de Texas, que no parecía especialmente transitada. Durante ocho kilómetros pasamos por delante de continuos bosques sin observar una sola edificación. Por fin, justo cuando el sol se ponía por el oeste, llegamos a otro claro de unas cinco hectáreas y media.

En esta planicie había una casa mucho más grande que la del señor Martin. Tenía dos pisos de altura, con un porche en la fachada. En la parte trasera había también una cocina de leña, gallineros, almacenes de maíz y varias barracas de negros. Cerca de la casa había un huerto de melocotoneros, y jardines de naranjos y granados. El espacio estaba totalmente rodeado por bosques, y cubierto con una alfombra de rico y esplendoroso verdor. Era un tranquilo, solitario y agradable lugar, literalmente un punto verde entre pantanos. Era el hogar de mi amo, William Ford.

Cuando nos acercamos, una muchacha mulata, de nombre Rose, estaba de pie en el porche. Se dirigió a la puerta y llamó a su ama, que salió corriendo al encuentro de su marido. Ella lo besó, y entre risas le preguntó si había comprado «esos negros». Ford le respondió que sí, y nos pidió que rodeáramos la casa, fuéramos donde estaba Sally y descansáramos un poco. Al girar la esquina de la casa, descubrimos a Sally lavando ropa y a sus dos bebés cerca de ella, rodando sobre la hierba. Saltaron y se tambalearon hasta nosotros, nos miraron un momento como un par de conejos, y luego salieron corriendo a esconderse detrás de su madre como si tuvieran miedo de nosotros.

Sally nos condujo a la barraca, nos dijo que dejáramos nuestros bultos y nos sentásemos, porque seguro que estábamos agotados. En aquel momento, John, el cocinero, un muchacho de unos dieciséis años y más negro que un cuervo, llegó corriendo, observó rápidamente nuestras caras, y luego se dio la vuelta sin decir nada más que «¿qué tal?». Volvió corriendo a la cocina riendo en voz alta, como si nuestra llegada fuera una broma divertida.

Agotados tras la caminata, tan pronto como se hizo de noche Harry y yo nos envolvimos en las mantas, y nos tumbamos en el suelo de la barraca los mejor que pudimos. Mis recuerdos, como de costumbre, volaron de nuevo hacia mi esposa e hijos. La conciencia de mi situación, la desesperanza de cualquier inútil intento de fuga a través de los profundos bosques de Avoyelles, me oprimían. Aun así todo mi corazón estaba en mi hogar de Saratoga.

Me despertó a primera hora de la mañana la voz del amo Ford, llamando a Rose. Ella se apresuró hacia la casa para vestir a los niños. Sally fue al campo a ordeñar las vacas, mientras John estaba ocupado en la cocina preparando el desayuno. Mientras tanto Harry y yo paseábamos por el patio observando atentamente nuestro nuevo entorno. Justo después del desayuno, un hombre de color conducía tres yuntas de bueyes y una carreta repleta de leña hacia la entrada. Era un esclavo de Ford, de nombre Walton, el marido de Rose. Por cierto, Rose era natural de Washington, y la habían llevado de allí cinco años antes. Nunca había conocido a Eliza, pero había oído hablar de Berry, y conocían las mismas calles y a las mismas personas, bien directamente o por su reputación. Se hicieron amigas inmediatamente, y hablaban constantemente de los viejos tiempos, y de los amigos que habían dejado atrás.

Ford era en ese momento un hombre rico. Además de su finca en Pine Woods, era propietario de una gran explotación maderera en Indian Creek, a seis kilómetros y medio de distancia, y también, por herencia de su esposa, una extensa plantación y muchos esclavos en Bayou Boeuf.

Walton había llegado con su cargamento de madera de los talleres de Indian Creek. Ford nos ordenó que lo siguiéramos, y que él se nos uniría lo antes posible. Antes de salir, la señora Ford me llamó a la despensa, y me dio, como era costumbre allí, un tarro de melaza para Harry y para mí.

Eliza seguía retorciéndose las manos y compadeciéndose por la pérdida de sus hijos. Ford trató en de consolarla en la medida de lo posible. Le dijo que no tenía por qué trabajar en los trabajos más duros, que podía quedarse junto a Rose y ayudar a la señora en los quehaceres domésticos.

Durante nuestro camino en carro con Walton, Harry y yo nos familiarizamos mucho con él bastante antes de llegar a Indian Creek. Era un «esclavo nacido» de Ford, y habló de forma amable y cariñosa de su amo, como un niño que hablara de su padre. En respuesta a sus preguntas sobre mi origen, le dije que era de Washington. De esa ciudad, de la que había oído hablar tanto a su esposa, Rose, y durante todo el camino me obsequió con numerosas preguntas extravagantes y absurdas.

Al llegar a los talleres de Indian Creek, nos encontramos con otros dos de los esclavos de Ford, Sam y Antony. Sam era también originario de Washington, y lo habían llevado en el mismo grupo de esclavos de Rose. Había trabajado en una granja cerca de Georgetown. Antony era herrero, de Kentucky, y llevaba ya diez años al servicio de su actual amo. Sam conocía a Burch, y cuando le expliqué que él había sido el comerciante que me había enviado desde Washington, fue notable la rapidez con que nos pusimos de acuerdo sobre la cuestión de su superlativa maldad. Él había enviado también a Sam.

Cuando Ford finalmente llegó al taller, estábamos apilando madera y cortando troncos, ocupación con la que continuamos durante el resto del verano.

Por lo general empleábamos los días de descanso en el porche, donde nuestro amo reunía a todos sus esclavos, y les leía y comentaba las Escrituras. Trató de inculcar en nuestras mentes sentimientos de bondad hacia los demás, de subordinación a Dios, que recompensa según lo prometido a aquellos que se conducen de forma recta y piadosa. Sentado a la puerta de su casa, se rodeaba de sus esclavos y sirvientas, que observaban sinceramente el rostro del hombre de bien que hablaba de la bondad del Creador, y de la vida en el más allá. A menudo el sonido de la oración ascendía de sus labios directamente al cielo, el único sonido que quebrantaba la soledad del lugar.

Es un hecho que he observado claramente. Los que trataban a sus esclavos de forma más indulgente eran recompensados con una mayor cantidad de producción. Lo aprendí por propia experiencia. Era sumamente placentero sorprender al amo Ford con más trabajo que el habitual en día de faena, mientras que, con amos posteriores, no hubo recompensa alguna por el esfuerzo extra, excepto el látigo del capataz.

Era el deseo de la aprobación en la voz de Ford lo que me sugirió una idea que redundó en su beneficio. La madera que estábamos talando era un encargo para entregar en Lamourie. Hasta entonces el transporte se había hecho por tierra, y eso aumentaba mucho los gastos. Indian Creek, donde estaban situados los talleres, era un estrecho pero profundo arroyo que desembocaba en Bayou Boeuf. En algunas zonas no medía más de tres metros y medio de ancho, y los troncos de los árboles a menudo obstruían el paso. Bayou Boeuf estaba conectado con Bayou Lamourie. Constaté que la distancia desde los talleres hasta Lamourie, donde debíamos entregar nuestra madera, no era más que un par de kilómetros menos por tierra que por agua. Siempre y cuando el arroyo fuera navegable para las balsas, parecía claro que el gasto en transporte podía disminuir sustancialmente.

Adam Taydem, un hombrecillo blanco que había sido soldado en Florida, y que conocía perfectamente toda la región, era el capataz y superintendente de los talleres. Él rechazó la idea, pero cuando se la expliqué, Ford la recibió favorablemente, y me permitió probarla.

Tras eliminar los obstáculos, construí una balsa estrecha con doce troncos. En esta cuestión creo que era bastante hábil porque no había olvidado mi experiencia años atrás en el canal de Champlain. Trabajé duro, por mi extremo interés en tener éxito, tanto por

el deseo de complacer a mi amo, como para demostrar a Adam Taydem que mi plan no era el de un visionario loco, tal como afirmaba
incesantemente. Me hice con un cargamento, y comencé el des-
censo arroyo abajo. A su debido tiempo entramos en el primer pantano, y finalmente llegamos a nuestro destino en un lapso de tiempo
menor al que yo había estimado.

La llegada de la balsa en Lamourie causó sensación, y el señor
Ford me felicitó efusivamente. Por todas partes se oía que Platt, el
del señor Ford, era el «negro más inteligente de Pine Woods». Yo no
era insensible a los elogios que recibía, y los disfruté, especialmente,
mi triunfo sobre Taydem, cuyas descalificaciones habían herido mi
orgullo. A partir de aquel momento la responsabilidad del transporte
de madera a Lamourie recayó en mis manos hasta que finalizaba el
contrato.

Indian Creek, en toda su extensión, fluye a través de un magní-
fico bosque. En sus orillas habita una tribu de indios, los descendientes de los chickasaws o chickopees, si no recuerdo mal. Viven
en sencillos tipis de tres o cuatro metros cuadrados, construidos con
postes de pino y cubiertos con corteza. Se alimentan principalmente
de carne de ciervo, mapache y zarigüeya, muy abundantes en estos
bosques. A veces intercambian carne de venado por un poco de
maíz y whisky con los hacendados de los pantanos. Su vestimenta
habitual son los pantalones de piel de ante y las camisas de caza
de percal con fantásticos colores, abotonadas desde la cintura a la
barbilla. Llevan anillas de bronce en las muñecas, en las orejas y en
la nariz. La ropa de las mujeres es muy similar. Son muy aficionados
a los perros y a los caballos, de los que poseen grandes cantidades,
de una raza pequeña y resistente, y son consumados jinetes. Hacen

sus bridas, cinchas y monturas con pieles de animales sin curtir, y sus estribos son de madera especial. He visto tanto a hombres como a mujeres montados a horcajadas sobre sus ponis lanzarse hacia el bosque a gran velocidad, recorriendo sendas estrechas y sinuosas, esquivando los árboles de una forma que eclipsaría las más increíbles hazañas de la equitación civilizada. Su poblado estaba en Indian Creek, conocido como Indian Castle, pero sus dominios se extendían hasta el río Sabine. De vez en cuando una tribu de Texas venía de visita, y se montaba un carnaval en Great Pine Woods. El jefe de la tribu era Cascalla, su segundo en rango era John Baltese, su hijastro. Con ambos, al igual que con muchos otros de la tribu, entablé relaciones durante mis frecuentes viajes por el arroyo con las balsas. Sam y yo solíamos visitarlos cuando acabábamos con nuestras ocupaciones. Eran obedientes al jefe, la palabra de Cascalla era ley. Era gente algo primitiva, aunque inofensiva, y disfrutaban de su modo de vida natural. No les gustaba mucho el campo abierto, las tierras despejadas de las orillas de los pantanos. Preferían esconderse entre las sombras del bosque. Adoraban al Gran Espíritu, les encantaba el whisky y eran felices.

En una ocasión asistí a un baile cuando un grupo de nómadas de Texas había acampado en su aldea. Un ciervo entero se estaba asando sobre una gran fogata, que arrojaba destellos a una gran distancia entre los árboles en los que se ocultaban. Formaron un anillo alternándose hombres y mujeres y una especie de violín indio empezó a tocar una melodía indescriptible. Era como un persistente sonido melancólico y ondulante, que no contenía casi ninguna variación. En la primera nota, si es que hubo más de una nota en toda la melodía, empezaron a dar vueltas alrededor del fuego, saltando uno tras otro. Al final del tercer giro, pararon de repente, chillando como si se les abrieran los pulmones, rompieron la forma de anillo y formando por parejas, hombre y mujer, daban saltos hacia atrás alejándose los más posible de la pareja, luego hacia delante de nuevo, tras repetir el gesto dos o tres veces formaban de nuevo un anillo y empezaban a dar vueltas de nuevo. Parecía considerarse mejor bailarín el que podía gritar más fuerte, saltar más lejos y hacer los ruidos más insoportables. De vez en cuando uno o más salían del anillo de danzantes, se acercaban al fuego y cortaban un par de tajadas de carne de venado.

En el hueco vaciado del tronco de un árbol caído con forma de mortero machacaban el maíz, y con la harina hacían tortas. Comían y bailaban alternativamente. Así entretuvieron a los visitantes de Texas los atezados hijos e hijas de los Chicopees, y tal es la descripción, como yo lo vi y viví, de un baile indio en los Pine Woods de Avoyelles.

En otoño, dejé las carpinterías y empecé a trabajar en la casa. Un día, la señora instaba a Ford a que adquiriese un telar para que Sally pudiese confeccionar telas para las prendas de invierno de los esclavos. No sabía dónde podía comprar uno, cuando yo le sugerí que la manera más fácil de conseguirlo sería construyéndolo. Le expliqué que yo era una especie de manitas, y que, si me daba su permiso, intentaría fabricarlo. Me concedió el permiso enseguida, y me permitió ir a un plantador vecino con el fin de esudiar uno antes de empezar a construirlo. Eventualmente lo terminé y según comentaba Sally funcionaba perfectamente. Podía tejer con toda tranquilidad su tarea diaria de catorce metros, ordeñar luego las vacas, y aun así cada día le sobraba un poco de tiempo libre. Funcionaba tan bien, que seguí fabricando telares, que se enviaban a las plantaciones de los pantanos.

Por entonces un tal John M. Tibeats, un carpintero, llegó a la plantación para hacer algún trabajo en casa del amo. Me ordenaron que dejara los telares y lo asistiera. Durante dos semanas estuve en su compañía cepillado y nivelando tablas para el tejado.

John M. Tibeats era lo opuesto a Ford en todos los aspectos. Era un hombre bajo, iracundo, rencoroso y avinagrado. Hasta donde yo sé, no tenía residencia fija, sino que iba de una plantación a otra, donde le ofrecían un empleo. No tenía posición alguna en la comunidad, no era apreciado por los blancos, ni siquiera respetado por los esclavos. Era ignorante y profundamente rencoroso. Abandonó la parroquia mucho antes que yo, y no tengo constancia de si está vivo o muerto. Lo cierto es que fue un día realmente infausto el que unió nuestros caminos. Durante mi estancia con el amo Ford yo no había conocido más que el lado amable de la esclavitud. La suya no era una pesada mano que nos aplastaba contra la tierra. Señalaba hacia el cielo, y con palabras benignas se dirigía a nosotros como a sus compañeros mortales, responsables, como él, ante el Creador. Lo recuerdo con afecto, y si hubiese tenido a mi familia conmigo, podría haber cargado con el peso de su suave servidumbre sin murmurar una sola palabra el resto de mis días. Pero las nubes se agolpaban en el horizonte, precursoras de una tormenta implacable que pronto descargaría sobre mi cabeza. Estaba condenado a soportar situaciones amargas que sólo el pobre esclavo conoce, y a abandonar la vida relativamente feliz que había llevado hasta entonces en Great Pine Woods.

8

Por desgracia William Ford empezó a sufrir serios apuros financieros. Un duro dictamen dictó en su contra como consecuencia de un aval concedido a su hermano, Franklin Ford, con domicilio en Red River, cerca de Alexandria, y que no había cumplido con sus obligaciones monetarias. También había incurrido en una considerable deuda con John M. Tibeats por sus servicios en la construcción de los talleres de Indian Creek y de otras construcciones en la plantación de Bayou Boeuf, aún no terminadas. Era por lo tanto necesario, con el fin de satisfacer esas deudas, deshacerse de dieciocho esclavos, y yo era uno de ellos. Diecisiete, entre los que estaban Sam y Harry, fueron adquiridos por Peter Compton, un plantador residente en Red River.

Yo acabé en manos de Tibeats, sin dudas a causa de mis habilidades como carpintero. Esto sucedió en el invierno de 1842. La escritura de compraventa de mi persona de Freeman a Ford, como pude comprobar en los registros públicos de Nueva Orleans a mi regreso, estaba fechada el día 23 de junio de 1841. En el momento de mi venta a Tibeats el precio acordado por mi venta era superior a la deuda, por lo que Ford aceptó el intercambio y Tibeats aún le debía cuatrocientos dólares. Ahora hay una deuda por mi persona.

Me despedí de mis buenos amigos en el cobertizo y partí con mi nuevo amo, Tibeats. Nos dirigimos a la plantación de Bayou Boeuf, a unos cuarenta y tres kilómetros de distancia de Pine Woods, para finalizar el trabajo incompleto. Bayou Boeuf es un lento y sinuoso arroyo, uno de esos riachuelos de agua estancada tan comunes en aquella región, afluente del Red River. Se extiende desde un lugar cercano a Alexandra, fluye en dirección sureste, y su tortuoso curso cuenta con más de ochenta kilómetros de longitud. Existen grandes plantaciones de algodón y de azúcar en ambas orillas, que se extienden hasta los límites de interminables pantanos. Está plagada de caimanes, por lo que es poco segura para los cerdos, o para los inconscientes hijos de esclavos que pasean por sus orillas. Tras una curva en el pantano, a escasa distancia de Cheneyville, se encuentra la finca de la señora Ford. Peter Tanner, su hermano, un gran plantador, vive en la orilla opuesta.

A mi llegada a Bayou Boeuf tuve el placer de reencontrarme con Eliza, a quien no había visto en varios meses. No había sido del agrado de la señora Ford porque estaba más centrada en compadecerse de su suerte que en atender a sus quehaceres, y en consecuencia había sido enviada a trabajar a la plantación. Parecía gastada y extenuada, y todavía guardaba luto por sus hijos. Me preguntó si me había olvidado de ellos, y muy a menudo me preguntaba si todavía recordaba cuán bella era la pequeña Emily y lo mucho que Randall la quería, y se preguntaba si vivirían aún, y dónde estarían.

Se había hundido bajo el peso de una pena insoportable. Su apariencia demacrada y las mejillas hundidas indicaban claramente que estaba llegando al final de su cansado camino.

El supervisor de Ford en esta plantación, y que se encontraba al cargo exclusivo de la misma, era el señor Chapin, un hombre bondadoso y dispuesto, nativo de Pennsylvania. Como otros, su opinión sobre Tibeats era muy negativa, lo que añadido a la deuda de cuatrocientos dólares era una suerte para mí.

Me vi obligado a trabajar muy duro. Desde el alba hasta bien entrada la noche, no se me permitía ni un momento de descanso. No obstante, Tibeats nunca se mostraba satisfecho. Me maldecía y se quejaba continuamente. Nunca fue capaz de recompensarme con una palabra amable. Yo era su fiel esclavo, y le reportaba grandes beneficios todos los días, y sin embargo, me retiraba todas las noches cargando sobre mis espaldas hirientes abusos e insultos.

Habíamos terminado el molino de maíz, la cocina, y otras estructuras y estaba construyendo el telar, cuando me vi implicado en una acción que en aquel estado se castigaba con la muerte. Fue mi primera pelea con Tibeats. El telar que estábamos erigiendo estaba en el huerto, a pocos metros de la residencia de Chapin, o la «casa grande», como se la llamaba. Una noche, después de trabajar hasta bien entrada la noche, Tibeats me ordenó levantarme por la mañana temprano, buscar un barril de clavos de Chapin y empezar a clavar tablones. Me retiré a la cabaña muy cansado, y después de cocinarme un poco tocino y una torta de maíz y de conversar un rato con Eliza, que dormía en la misma cabaña, como Lawson y su esposa María y un esclavo llamado Bristol. Me tumbé en el suelo, soñando vívidamente con los sufrimientos que me aguardaban a la mañana siguiente. Antes del amanecer estaba en la entrada de la «gran casa», esperando la aparición del capataz Chapin. Despertarlo de su sueño para hacerle mi encargo habría sido un atrevimiento imperdonable. Por fin salió. Quitándome el sombrero, le informé de que el amo Tibeats me había enviado para pedirle un barril de clavos. Entró en el almacén, asomó la cabeza y me dijo que si Tibeats los prefería de un tamaño diferente, se los podía conseguir, pero que podría utilizar aquéllos de momento. Luego montó su caballo, que permanecía ensillado y embridado en la puerta y se alejó campo a través, donde los esclavos lo habían precedido, mientras yo cargaba con el barril al hombro, y me dirigía a la telar.

Al romper el día, Tibeats llegó al edificio donde yo estaba trabajando duramente. Esa mañana parecía más malhumorado y desagradable que de costumbre. Era mi amo, poseía por ley mi carne y sangre, y podía ejercer sobre mí tal control tiránico como su naturaleza le permitiera, pero no había ninguna ley que pudiera impedirme mirarlo con intenso desprecio. Despreciaba por igual su carácter y su mente. Acababa de acercarme al barril para coger unos pocos clavos más, cuando él entraba en el telar a medio construir.

–Pensé que te había dicho que esta mañana comenzaras poniendo los tablones –afirmó.

–Sí, amo, y eso hago –le contesté.

–¿Dónde? –exigió.

–En el otro lado –fue mi respuesta.

Fue al otro lado y examinó mi trabajo, murmurando para sus adentros mientras buscaba un indicio de trabajo mal hecho.

–¿No te dije anoche que le pidieras un barril de clavos a Chapin? –estalló de nuevo.

–Sí, amo, y así lo hice, y el capataz dijo que le conseguiría clavos de otro tamaño, si los necesitaba, cuando regresase del campo.

Tibeats caminó hacia el barril, miró un momento el contenido y luego lo pateó violentamente. Se acercó hacia mí enfurecido y exclamó:

–¡Maldito seas! Pensaba que valías para algo.

A lo que respondí:

–Traté de hacer lo que usted me dijo, amo. No quise hacer nada malo. El supervisor dijo…

Pero él me interrumpió con tal torrente de maldiciones que fui incapaz de terminar la frase. Por fin salió corriendo hacia la casa, entró en el cobertizo y tomó uno de los látigos del capataz. El látigo tenía un corto mango de madera recubierto de cuero. Era de un metro de largo, más o menos, y estaba formado por hebras de cuero sin curtir.

Al principio estaba algo asustado, y mi primer impulso fue correr. No había nadie alrededor excepto Rachel, la cocinera, y la esposa de Chapin, y ninguna de ellas estaba a la vista. Los demás estaban en el campo. Sabía que su intención era azotarme, y era la primera vez que alguien lo intentaba desde mi llegada a Avoyelles. Sentí, además, que había sido fiel, que no era culpable de ningún error, y que merecía elogios y no castigos. Mi temor se convirtió en rabia, y antes de que llegase hasta mí decidí no ser azotado, aunque el resultado final fuera vida o muerte.

Se enrolló el látigo alrededor de la mano, agarró el mango, se me acercó, y con una mirada maligna me ordenó desnudarme.

–No lo haré, amo Tibeats –le dije, mirándolo con valentía a la cara.

Estaba a punto de decir algo más para justificarme, pero se abalanzó furioso sobre mí, me agarró por el cuello con una mano, levantó el látigo con la otra y trató de golpearme. Sin embargo, antes de descargar el golpe, lo había cogido por el cuello de la chaqueta y lo acercaba hacia mí. Bajé la mano, lo agarré por el tobillo, lo empujé con la otra mano y se cayó al suelo. Rodeé con un brazo su pierna y la apoyé contra mi pecho de manera que sólo la cabeza y los hombros tocaban el suelo, y le apoyé mi pie sobre el cuello. Estaba completamente a mi merced. Yo estaba enfurecido. Mi sangre parecía fuego en las venas. En el frenesí de mi rabia le arrebaté el látigo de las manos. Él luchó con todas sus fuerzas; juró que no viviría para ver otro día y que me arrancaría el corazón. Pero sus luchas y sus amenazas eran completamente vanas. No puedo afirmar cuántas veces lo golpeé. Azoté y azoté. Finalmente gritó, y al fin el blasfemo tirano pidió a Dios misericordia. Pero aquel que nunca había mostrado un ápice de misericordia no la recibiría. El vapuleo con el látigo duró hasta que mi agotado brazo derecho dijo basta.

Hasta ese momento había estado demasiado ocupado para mirar a mi alrededor. Al pararme un instante, vi a la señora Chapin mirando desde la ventana, y a Rachel de pie en la puerta de la cocina. Sus actitudes expresaban la máxima excitación y alarma. Sus gritos se escuchaban en el campo. Chapin se acercaba al galope lo más rápido posible. Le di un golpe o dos más, y luego lo aparté lejos de mí de una patada.

Se levantó, se sacudió la suciedad del pelo y me miró fijamente, pálido de rabia. Nos miramos el uno al otro en silencio. Ninguno pronunció una palabra hasta que Chapin se abalanzó hasta nosotros.

–¿Qué sucede? –gritó.

—El amo Tibeats quería azotarme por usar los clavos que usted me ha dado —le contesté.

—¿Cuál es el problema con los clavos? —preguntó, volviéndose hacia Tibeats.

Tibeats le respondió que eran demasiado grandes, pero prestando poca atención a la pregunta de Chapin, porque sus ojos de reptil estaban fijos en mí.

—Yo soy el capataz —dijo Chapin—. Le dije a Platt que los cogiera y los usara, y que si no eran del tamaño adecuado le conseguiría otros al volver del campo. No es culpa suya. Además, le daré los clavos que me plazca. Espero que lo entienda, señor Tibeats.

Tibeats no respondió. Rechinando los dientes y agitando el puño, juró que obtendría justa satisfacción, y que aquello no había terminado todavía. Entonces se alejó y entró en la casa, seguido por el capataz, que le hablaba sin cesar en tono tranquilizador y con gestos apaciguadores.

Me quedé donde estaba, dudando de si era mejor salir volando de allí o acatar las consecuencias, fuesen cuales fuesen. Al final Tibeats salió de la casa, ensilló su caballo, que era su única propiedad, además de mi persona, y partió camino de Chenyville.

Cuando se marchó, Chapin salió visiblemente afectado y me conminó a que no me revolviera, a no tratar de huir de la plantación, ni a intentar alguna acción insensata. Luego fue a la cocina, llamó a Rachel y conversó un rato con ella. Volvió y de nuevo me conminó con gran seriedad a no escapar. Me dijo que mi amo era un bribón, que había cruzado algunas palabras gruesas con él, y que podía haber serios problemas aquella noche. Pero en todo caso insistió en que no debía escapar.

Mientras estaba allí, sentimientos de indecible agonía me abrumaron. Era consciente de que me había condenado a un castigo inimaginable. El sentimiento que siguió a mi extrema demostración de ira fue el más doloroso pesar. ¿Qué podía hacer un esclavo indefenso, sin amigos? ¿Qué podía decir para justificar, de la forma que fuere, el atroz acto que había cometido? Traté de rezar, traté de rogar al Padre Celestial que sostuviera mis doloridas extremidades, pero la emoción me embargaba, y sólo podía inclinar la cabeza entre las manos y llorar desconsolado. Permanecí por lo menos una hora en esta situación, con el único alivio de las lágrimas, cuando, al levantar la mirada, vislumbré a Tibeats acompañado por dos jinetes que bajaba por el pantano. Cabalgaron hacia el patio, se apearon de sus caballos y se acercaron a mí con largos látigos y una soga enrollada.

–Cruza las manos –me ordenó Tibeats añadiendo una blasfemia tan estremecedora que me es imposible repetirla aquí.

–No tiene necesidad de atarme, amo Tibeats, estoy dispuesto a ir con usted adonde quiera –le contesté.

Uno de sus compañeros dio un paso adelante, jurando que si observaba la menor resistencia me rompería la cabeza, me arrancaría miembro a miembro, me cortaría mi negro cuello y otras expresiones similares. Percibí que cualquier acción sería del todo inútil, crucé las manos y me sometí humildemente a cualquier disposición que estuvieran dispuestos a ejercer. Tibeats me ató las muñecas apretando la cuerda todo lo que pudo. Luego ató mis tobillos de la misma forma. Mientras tanto, los otros dos me pasaron con firmeza una cuerda sobre los codos, a través de mi espalda. Me era absolutamente imposible mover manos y pies. Con el cabo de cuerda restante Tibeats hizo un nudo y lo pasó por mi cuello.

–¿Y ahora –preguntó uno de los compañeros Tibeats– dónde colgamos a este negro?

Uno de ellos propuso una rama que sobresalía del tronco de un melocotonero, cerca del lugar donde estábamos. Su compañero se opuso alegando que se rompería, y propuso otra.

Durante esta conversación, y en todo el tiempo en que me fueron amarrando no pronuncié una palabra. Durante esta escena, el capataz Chapin caminaba arriba y abajo por el cobertizo. Rachel lloraba en la puerta de la cocina y la señora Chapin seguía mirando por la ventana. La esperanzo murió en mi corazón. Seguramente me había llegado la hora. Nunca volvería a contemplar la luz del sol, nunca vería de nuevo los rostros de mis hijos, la dulce expectación que deseaba con tanto ardor. En aquella infausta hora lucharía contra las terribles agonías de la muerte. Nadie lloraría por mí, nadie me vengaría. Las lágrimas me corrían por las mejillas, pero sólo proporcionaban un insultante placer a mis verdugos.

Mientras me arrastraban hacia el árbol, Chapin desapareció momentáneamente en el cobertizo, salió de la casa y se dirigió hacia nosotros. Tenía una pistola en cada mano y habló con firmeza:

–Caballeros, tengo unas pocas palabras que decirles. Más les vale escucharlas. Todo el que mueva a ese esclavo medio metro de donde se encuentra ahora es hombre muerto. En primer lugar, no merece este trato. Es una vergüenza asesinarlo de esta forma. Nunca conocí a un hombre más fiel que Platt. Usted, Tibeats, es un monstruo. Usted no es más que una comadreja, y estoy más que seguro que merecía los latigazos que ha recibido. En segundo lugar, he sido capataz de esta plantación durante siete años, y en ausencia de William Ford, soy el amo. Mi deber es proteger sus intereses, y ese deber estoy decidido a desempeñarlo. Es usted un irresponsable, un hombre perverso. A Ford le deben por Platt cuatrocientos dólares. Si lo cuelga pierde su deuda. Hasta que dicha deuda no se cancele no tiene usted ningún derecho a quitarle la vida. No tiene derecho a quitársela de todas formas. Hay una ley para los esclavos tanto como para los blancos. Usted no es mejor que un asesino.

–¡En cuanto a vosotros –dijo dirigiéndose a Cook y Ramsay, capataces de las plantaciones vecinas–, marchaos! Si tenéis en consideración vuestra seguridad, tal como os he dicho, marchaos.

Cook y Ramsay, sin decir una palabra, montaron en sus caballos y se alejaron. Tibeats, evidentemente acobardado e intimidado por el tono decidido de Chapin, se escabulló como el cobarde que era al cabo de unos minutos, montó su caballo y se apresuró a seguir a sus compañeros.

Permanecí de pie donde estaba, todavía atado y con la soga alrededor del cuello. Tan pronto como se fueron, Chapin llamó a Rachel y le ordenó que se apresurase, que fuera al campo y le dijese a Lawson que fuera inmediatamente y que trajera la mula parda, un animal muy apreciado por su inusual ligereza.

–Lawson –dijo Chapin–, tienes que ir a Pine Woods. Dile al amo Ford venga enseguida, que no se retrase ni un momento. Dile que quieren asesinar a Platt. Ahora date prisa, muchacho. Tienes que llegar a Pine Wood a mediodía aunque mates a la mula.

Chapin entró en la casa y escribió un pase. Cuando regresó, Lawson estaba en la puerta montado en la mula. Al recibir el pase, chasqueó el látigo al oído de la bestia que salió corriendo del patio y subió por el pantano a galope tendido, y, en menos tiempo del que me ha llevado describir la escena, se perdió de vista.

9

A medida que el sol se aproximaba a su cenit el día se hizo inso-portablemente tórrido. Sus rayos abrasaban el suelo. La tierra provocaba ampollas en los pies de los esclavos. Yo estaba sin camisa ni sombrero, de pie y con la cabeza descubierta, expuesto a su ardiente fuego. Gruesas gotas de sudor me bajaban por el rostro y empapaban la ropa que escasamente me cubría. Más allá de la cerca, los melocotoneros dibujaban sus frescas, deliciosas sombras sobre la hierba. Con placer habría entregado un largo año de servicios si me hubiesen permitido intercambiar el horno caliente, por así decirlo, en el que me encontraba, por el descanso bajo sus ramas. Pero estaba todavía atado, con la soga todavía colgando de mi cuello, y de pie en el sitio exacto donde Tibeats y sus camaradas me habían dejado. No podía moverme ni un milímetro, de tan firmemente como me habían atado. Apoyarme en el edificio del telar habría sido un descanso. Pero los seis metros que me separaban de él lo dejaban fuera de mi alcance. Quería sentarme, pero sabía que ya no podría levantarme de nuevo. El suelo estaba tan reseco y caliente que era consciente de que eso sólo empeoraría mi situación. Si hubiera podido moverme, aunque fuese ligeramente, el alivio habría sido indescriptible. Pero los calientes rayos del sol sureño que castigaban mi cabeza descubierta no me producían ni la mitad del sufrimiento que experimentaba por mis miembros doloridos. Mis muñecas y tobillos comenzaron a hincharse y a lastimarse desagradablemente con la cuerda.

Durante todo el día, Chapin fue arriba y abajo por el cobertizo, pero no se me acercó ni una sola vez. Parecía estar en un estado de gran inquietud. Me miraba primero a mí y luego la carretera, como si esperara la llegada de alguien en cualquier momento. No fue al campo, como era su costumbre. Era evidente, por su forma de actuar, que suponía que Tibeats volvería con más y mejor ayuda para renovar la disputa, y era igualmente evidente que había preparado su mente para defender mi vida a cualquier coste. ¿Por qué no me liberó? ¿Por qué me hizo sufrir bajo el sol semejante agonía? Nunca lo he sabido. No fue por falta de simpatía, estoy seguro. Tal vez deseaba que Ford viese la cuerda alrededor de mi cuello y la manera brutal en que me habían tratado; tal vez sospechaba que su interferencia con una propiedad sobre la que no tenía ningún derecho podía haber sido una extralimitación de sus funciones, lo que lo habría sometido al castigo de la ley. La razón por la que Tibeats no llegó en todo el día fue otro misterio que nunca fui capaz de resolver. Él sabía bien que Chapin no le haría ningún daño a menos que persistiera en sus intenciones de dañarme. Lawson me contó después que al pasar junto a la plantación de John David Cheney vio a los tres, y que se volvieron y lo miraron mientras él pasaba a toda velocidad. Creo que supuso que Lawson había sido enviado por el capataz Chapin para convocar a los hacendados vecinos y suplicarles que acudiesen en su auxilio.

Pero fuera cual fuese el motivo que hizo cambiar de opinión al tirano cobarde y maligno, no tiene ninguna importancia. Yo seguía aún de pie bajo el sol del mediodía gimiendo de dolor. Desde mucho antes del amanecer no había probado bocado. Me debilitaba por el dolor, la sed y el hambre. Una sola vez, en el momento más caluroso del día, Rachel, a pesar del temor de actuar en contra de los deseos del capataz, se acercó a mí, y me mojó los labios con una taza de agua. La humilde criatura nunca llegó a oír, ni podría haber comprendido si las hubiese oído, las bendiciones que invoqué para ella, por tan balsámico líquido. Sólo pudo decir «Oh, Platt, cómo te compadezco», y luego se apresuró a regresar a sus labores en la cocina.

Nunca se movió tan despacio el sol por los cielos, nunca arrojó rayos tan ardientes como los de ese infausto día. Por lo menos esa fue mi impresión. No soy capaz en modo alguno de expresar cuáles eran mis pensamientos, las innumerables reflexiones que se agolpaban en mi cerebro embotado. Baste decir que durante todo aquel largo día no llegué, ni siquiera una vez, a la conclusión de que el esclavo del Sur, alimentado, vestido, azotado y protegido por su amo, es más feliz que los ciudadanos de color libres del Norte. Nunca he sido capaz de llegar a dicha conclusión. Sin embargo hay muchos hombres benévolos y bien dispuestos, incluso en los estados del Norte, que afirmarían que mi opinión es errónea, y procederían a apuntalar gravemente dicha afirmación con un argumento. ¡Ay, Dios! Nunca han bebido, como yo, de la amarga copa de la esclavitud. Justo al atardecer, mi corazón dio un vuelco de alegría sin límites al vislumbrar a Ford cabalgando por el patio con su caballo salivando copiosamente. Chapin lo recibió en la puerta, y después de una corta conversación, se dirigió enseguida a mí.

–Pobre Platt, mira en qué estado te han dejado –fue la única expresión que salió de sus labios.

–¡Gracias a Dios! –dije–. Gracias a Dios, amo Ford, que ha llegado al fin.

Extrajo una navaja de su bolsillo, y furiosamente indignado cortó las cuerdas de mis muñecas, brazos y tobillos, y retiró la soga de mi cuello. Traté de caminar, pero me tambaleé como un borracho y caí de bruces al suelo.

Ford regresó de inmediato a la casa dejándome solo de nuevo. Al llegar al cobertizo, Tibeats y sus dos amigos ya lo esperaban. Siguió un largo diálogo. Podía oír el sonido de sus voces, los tonos suaves de Ford mezclándose con los enojados alaridos de Tibeats, pero era incapaz de reconocer nada de lo que se hablaba. Finalmente los tres se marcharon de nuevo, al parecer nada satisfechos.

Traté de empuñar el martillo, presto a demostrarle al amo Ford lo dispuesto que estaba a continuar con mis labores en el telar, pero se me cayó de la mano insensible. Al atardecer me metí en la cabaña y me acosté. Estaba absolutamente destrozado, me dolía todo el cuerpo hinchado, y el más mínimo movimiento me producía un sufrimiento insoportable. Pronto los demás regresaron del campo. Rachel les había contado lo que había sucedido. Eliza y Mary cocinaron un trozo de tocino, pero yo no tenía nada de apetito. Luego tostaron un poco de harina de maíz e hicieron café. Fue todo lo que pude tomar. Eliza me consoló y fue muy amable. No pasó mucho tiempo antes de que la cabaña se llenara de esclavos. Se reunieron en torno a mí y me hicieron multitud de preguntas acerca de mi encontronazo con Tibeats por la mañana, y sobre los detalles de todo lo sucedido aquel día. Entonces Rachel entró, y con su lenguaje sencillo, describió con énfasis una vez más la patada que le propiné a Tibeats y que lo envió al suelo, y estalló una carcajada general. Luego describió cómo Chapin había entrado en escena y me rescató con sus pistolas, y cómo el amo Ford cortó las cuerdas con su navaja, furioso como un loco.

A esas alturas Lawson ya había regresado. Tuvo que contar a los demás el relato de su viaje a Pine Woods, cómo la mula parda lo había llevado más veloz que un relámpago, cómo se habían asombrado todos al verlo pasar a toda velocidad, cómo el amo Ford había salido de inmediato, cómo le había dicho que Platt era un buen negro, y no debían matarlo. Concluyó con toda claridad que no había otro ser humano en el ancho mundo que hubiera podido dar aquella sensación de velocidad, o realizado una tan maravillosa hazaña, como la que él había hecho aquel día en la mula parda.

Las amables criaturas me abrumaron con sus expresiones de amistad y afirmaron que Tibeats era un hombre duro, cruel. Esperaban que el amo Ford volviera a hacerse cargo de mí. De esta forma pasaban el tiempo discutiendo, charlando, hablando continuamente sobre la emocionante cuestión, hasta que de pronto Chapin se plantó en la puerta de la cabaña y me llamó.

–Platt –dijo–, vas a dormir en el suelo de la casa grande esta noche. Coge tu manta.

Me levanté lo más rápido que pude, tomé mi manta y lo seguí. En el camino me informó de que no estaba seguro de si Tibeats trataría de regresar por la mañana, que podía tener la intención de matarme, y que no debía intentarlo sin testigos. Si me hubiese apuñalado en el corazón en presencia de un centenar de esclavos, ni uno de ellos, por las leyes de Louisiana, podría haber ofrecido testimonio en su contra. Me recosté en el suelo de la casa grande, la primera y última vez que me fue concedido un lugar de descanso tan suntuoso durante mis doce años de esclavitud, y traté de dormir. Sobre la medianoche, el perro empezó a ladrar. Chapin se levantó y miró por la ventana, pero no pudo vislumbrar nada. Por fin el perro se tranquilizó. Al regresar a la habitación dijo:

–Creo, Platt, que ese canalla anda merodeando por los alrededores de las cabañas. Si el perro ladra de nuevo y yo estoy dormido, quiero que me despiertes.

Le prometí que lo haría. Al cabo de algo más de una hora, el perro empezó a ladrar de nuevo. Corría hacia la puerta y luego regresaba, y todo el tiempo ladraba furiosamente.

Chapin salió de la cama sin esperar a que lo llamara. En esa ocasión salió al cobertizo y se quedó allí de pie un lapso de tiempo considerable. Sin embargo no pudo ver nada, y el perro volvió a su jaula. No nos molestó de nuevo en toda la noche. El terrible dolor que sufría y el temor de algún peligro inminente me impidieron cualquier reposo. Si Tibeats volvió o no a la plantación aquella noche en busca de una oportunidad para dar rienda suelta a su venganza sobre mí es un secreto que sólo él conoce. Aunque pensé, y aún permanece fuertemente grabada en mí esa impresión, que él estaba allí. En todo caso, tenía la voluntad de un asesino. Era cobarde ante las palabras de un hombre valiente, pero estaba dispuesto a atacar por la espalda a su víctima si estaba indefensa o desprevenida, como tuve ocasión de descubrir posteriormente.

Con la primera luz de la mañana, me levanté, dolorido y cansado, después de haber descansado poco y mal. Sin embargo, después de tomar el desayuno, que Mary y Eliza habían preparado para mí en la cabaña, me dirigí al telar y retomé el trabajo del día anterior. Era práctica habitual de Chapin al levantarse (como de casi todos los capataces) montar de inmediato a horcajadas sobre su caballo, siempre ensillado y embridado, dispuesto para él por algunos esclavos, e irse a la plantación. Esa mañana, por el contrario, fue hasta el telar para preguntarme si por casualidad había visto a Tibeats. Al recibir una respuesta negativa, comentó que había algo que no iba bien en su compatriota, que tenía la mala sangre y que debía permanecer vigilante por si aparecía, porque si no me haría daño algún día, cuando menos lo esperara.

Mientras decía esto, Tibeats apareció a caballo, ató las riendas, y entró en la casa. Sentía un poco de miedo de él mientras Ford y Chapin no estaban cerca, pero no podían estar siempre cerca de mí.

Cuánto me aplastó desde entonces el peso de la esclavitud. Tuve que trabajar duro día tras día, soportar el abuso, la burla y la degradación, dormir en el duro suelo, vivir de la peor comida, y no sólo eso, sino vivir como esclavo de un infeliz sanguinario, al que tuve que soportar a partir de entonces con terror. ¿Por qué no morí en mis años de juventud? Antes de que Dios me concediera hijos que amar y por los que vivir. Cuánta infelicidad, sufrimientos y dolor me habría ahorrado. Anhelaba la libertad, pero el grillete del esclavo me rodeaba, y no podía sacudírmelo. Sólo podía dirigir la vista con nostalgia hacia el Norte, y pensar en los miles de kilómetros que se extendían entre mi persona y la tierra de la libertad, que un hombre negro libre no puede pasar.

Al cabo de media hora, Tibeats se acercó al telar, me miró bruscamente y luego se volvió sin decir nada. Pasó la mayor parte del mediodía sentado en la escalinata leyendo un periódico y conversando con Ford. Tras la cena, Ford partió de nuevo para Pine Woods, y con gran pesar observé cómo se alejaba de la plantación.

En una segunda ocasión se me acercó Tibeats, me dio unas pocas instrucciones, y regresó.

En la semana terminé el telar, y Tibeats, sin hacer alusión alguna a mi duro trabajo, me informó de que me había alquilado a Peter Tanner para trabajar bajo las órdenes de otro carpintero de nombre Myers. Recibí este anuncio con satisfacción, ya que cualquier lugar me aliviaría de su odiosa presencia.

Peter Tanner, como ya he informado al lector, vivía en la orilla opuesta y era el hermano de la señora Ford. Es uno de los más importantes plantadores de Bayou Boeuf y posee un gran número de esclavos.

Fui a las posesiones de Tanner con bastante alegría. Él había oído hablar de mis recientes dificultades. De hecho, la historia de los latigazos a Tibeats pronto se había extendido por todas partes. Este asunto, junto con mi experiencia en los arroyos, me había proporcionado algo de notoriedad. Más de una vez había oído decir que Platt Ford, ahora Platt Tibeats, porque el apellido de un esclavo cambia con el cambio de amo, era «un demonio de negro». Pero yo estaba destinado a hacer más ruido aún, como se constatará pronto, en el pequeño mundo de Bayou Boeuf.

Peter Tanner trató de inculcarme la idea de que era muy severo, aunque pude percibir a su pesar que había una vena de humanidad en el anciano.

–¿Eres tú el negro? –me dijo nada más llegar–. ¿Eres el negro que azotó a su amo, no? ¿No eres el negro que pateó, agarró por la pierna y zurró a base de bien al carpintero Tibeats? Me gustaría ver cómo me agarras por la pierna. Tienes carácter. ¿Eres un gran negro, un negro realmente importante, no es verdad? Te daré de latigazos, te sacaré la rabia de dentro. Tan sólo agárrame de la pierna, si eres tan amable. Ni una sola de tus travesuras aquí, hijo mío, recuérdalo. Ahora ve a trabajar, maldito sinvergüenza –concluyó Peter Tanner, incapaz de reprimir una medio sonrisa causada por su propio ingenio y sarcasmo.

Después de recibir este saludo, me llevaron a los dominios de Myers y trabajé bajo sus órdenes durante un mes, para él y para mi propia satisfacción.

Al igual que William Ford, su cuñado Tanner poseía el hábito de leerles la Biblia a sus esclavos en el día de descanso, pero con un espíritu algo diferente. Era un comentarista impresionante del Nuevo Testamento. El primer domingo, tras mi llegada a la plantación, nos convocó, y comenzó a leer el capítulo 12 de «Lucas». Cuando llegó al cuadragésimo séptimo versículo, miró deliberadamente a su alrededor, y continuó: «aquel siervo que conociendo la voluntad de su señor», aquí hizo una nueva pausa, miró a su alrededor aún con más intención que antes, y de nuevo continuó «que conociendo la voluntad de su señor, no se preparó» (aquí otra pausa), «no se preparó, e hizo conforme a su voluntad, recibirá muchos azotes».

–¿Lo habéis oído? –exigió Peter enfáticamente–. Azotes –repitió, con lentitud y claridad quitándose las gafas para realizar nuevas observaciones.

–Ese negro que no vaya con cuidado, que no obedezca a su señor, es decir a su amo, ¿lo veis? Ese negro recibirá numerosos azotes. Ahora bien, «muchos» significa un gran número: cuarenta, cien, ciento cincuenta latigazos. ¡Y esto son las Escrituras! –y así continuó Peter para dejar en claro el tema durante un largo período de tiempo.

Al finalizar las jaculatorias, llamó a tres de sus esclavos, Warner, Will y Major, y también a mí:

–Aquí Platt, el que agarró a Tibeats por las piernas, y ahora a ver si puede con estos sinvergüenzas de la misma forma, hasta que yo regrese.

Peter Tanner se enorgullecía de sus estrictas observancias religiosas. Era diácono de la iglesia.

Pero ahora he llegado a un punto de mi relato en que se hace necesario dar la espalda a estas superficiales descripciones y encarar la más grave cuestión, y la de más peso de mi segundo encontronazo con el amo Tibeats, y mi viaje a través del gran pantano Pacoudrie.

10

Al finalizar el mes, Tanner ya no necesitaba mis servicios, así que regresé a casa de mi amo atravesando el pantano. Lo encontré ocupado en la construcción de la prensa de algodón. Se encontraba a cierta distancia de la casa grande, en un lugar bastante aislado. Comencé una vez más a trabajar en compañía de Tibeats, y permanecía totalmente a solas con él la mayor parte del tiempo. Recordaba las palabras de Chapin, sus recomendaciones, sus consejos de que tuviera cuidado, porque en cuanto me cogiera desprevenido me haría daño. Tenía siempre presentes sus palabras, de manera que vivía en un estado de incómoda aprensión y angustia. Mantenía un ojo en mi trabajo y el otro en mi amo. Decidí que no le daría ninguna oportunidad de atacarme, y trabajaría aún con más diligencia que antes, si era posible, soportaría los abusos que se abatieran sobre mí y aguantaría los golpes con humildad y paciencia con la esperanza de suavizar su agresividad lo más posible hasta que llegara el bendito día en que pudiera liberarme de sus garras.

A la tercera mañana de mi llegada, Chapin dejó la plantación para ir a Cheneyville. No regresaría hasta la noche. Esa mañana, Tibeats padeció uno de sus periódicos ataques de ira y de humor sombrío. Le sobrevenían con frecuencia y lo volvían aún más desagradable y venenoso que de costumbre.

Eran alrededor de las nueve de la mañana y estaba concentrado en mi trabajo de cepillar madera con la garlopa. Tibeats estaba junto al banco de carpintero afinando una manija con el cincel. Previamente le había cortado la tuerca.

—No lo has rebajado bastante –dijo.

—Está bien rebajado –le contesté.

—Eres un redomado mentiroso –exclamó con rabia.

—Oh, bueno, amo –le dije con amabilidad–, lo rebajaré más, si usted lo dice –y enseguida empecé a hacer lo que aparentemente deseaba.

Pero antes de que hubiera podido dar una pasada con la garlopa, empezó a gritarme diciendo que lo había rebajado demasiado, que me había pasado y que había echado a perder todo el trabajo. Siguió maldiciendo y renegando. Yo había intentado hacer exactamente lo que me había pedido, pero nada satisfacía a aquel hombre irracional. Silencioso y aterrado, dejé de cepillar y cogí el tablero sin saber qué hacer, pero sin atreverme a permanecer inactivo. Su arrebato de ira escaló hasta la violencia, y por fin, con una maldición tan terrible y amarga como sólo Tibeats era capaz de pronunciar, agarró un hacha del banco de carpintero y se lanzó hacia mí jurando que me cortaría la cabeza.

Era una situación a vida o muerte. La afilada y brillante lama del hacha relucía al sol. En cualquier instante se hundiría en mi cerebro, y sin embargo, en ese instante hice un razonamiento con la rapidez con la que acuden las ideas cuando el miedo apremia. Si me quedaba quieto, estaba perdido; si huía, había diez probabilidades contra una de que el hacha saliera volando desde su mano y me diera en la espalda, porque el objetivo estaba demasiado expuesto. No había más que una opción. Salté con todas mis fuerzas y choqué con él a medio camino. Antes de derribarlo, lo cogí con una mano y le levanté el brazo, mientras me agarraba por el cuello. Nos quedamos parados mirándonos a los ojos. Quería asesinarme. Sentía como si tuviera una serpiente alrededor del cuello que detectaría cualquier relajación por mi parte para enroscarse y triturarme hasta que exhalase el último suspiro. Pensé en en gritar por si algún oído captaba mis voces, pero Chapin estaba lejos. Los esclavos estaban en el campo y no había alma viviente que me viera o me oyera.

Pero mi buena estrella, la que hasta ahora me ha guiado en la vida y me ha salvado de las manos de la violencia, me dio en aquel momento una idea salvadora. Le propiné de repente una fuerte patada en una rodilla, él soltó con un gemido mi garganta y yo pude arrebatarle el hacha y lanzarla fuera de su alcance.

Loco de ira, enfurecido y fuera de control, se apoderó de una rama de roble que había en el suelo como de metro y medio de largo y tan gruesa como una mano podía abarcar. Se precipitó de nuevo hacia mí, y de nuevo yo corrí a su encuentro, lo agarré por la cintura y como era más fuerte, lo derribé. En esa posición pude apoderarme del palo, se lo arranqué y lo arrojé lejos.

Él a su vez se levantó y corrió hacia la enorme hacha que había en la mesa de carpintero. Afortunadamente, su gran filo estaba clavado en un tablón duro, de manera que no pudo sacarlo antes de que yo me abalanzara sobre su espalda. La gran presión sobre el tablón hizo que el hacha se clavara más firmemente en su lugar. Me esforcé, aunque en vano, en lograr que soltara la empuñadura. Forcejeamos algunos minutos en esa posición.

En mi existencia he vivido horas desgraciadas en las que a menudo la perspectiva de la muerte, que es el fin de nuestro paso por la tierra, y la tristeza de la tumba, me parecieron una agradable posibilidad de dar descanso a mi cansado y agotado cuerpo. Pero tales elucubraciones se desvanecen en la hora de peligro. Ningún hombre en la plenitud de su fuerza puede abandonarse sin haber perdido la consciencia ante la presencia del «rey de los horrores». Todo el que vive ama la vida, y hasta el gusano que se arrastra sobre la tierra lucha por sobrevivir. En ese momento yo quería vivir, a pesar de estar esclavizado y maltratado.

Como no podía desclavar el hacha, una vez más lo agarré por el cuello, y esta vez tan fuerte que soltó el mango. Se le doblaron las piernas. Su rostro, que era antes blanco y enrojecido, ahora estaba negro por la asfixia. Aquellos ojillos de serpiente que escupían tanto veneno eran en aquel momento dos grandes esferas blancas desorbitadas por el terror.

Había «un diablo acechante» en mi corazón que me impulsaba a matar al sabueso humano en el acto para retener el quejido en su maldita garganta hasta que el aliento de la vida se hubiera apagado. Pero no me atrevía a quitarle la vida y tampoco me atrevía a dejarle vivir. Si lo mataba, tendría que pagar mi castigo; si lo dejaba vivo, mi vida sólo valdría para satisfacer su venganza. Una voz dentro de mí me susurró que corriera. Era preferible ser un vagabundo entre los pantanos, un ser errante y un extranjero en la faz de la tierra, a arrastrar la vida que llevaba.

Tomé enseguida mi decisión y lo dejé caer de la mesa de trabajo al suelo, salté una cerca, y corrí a través de la plantación, pasando por entre los esclavos que trabajaban en el campo de algodón. Al cabo de unos cuatrocientos metros llegué a los pastos altos, y me di cuenta de que había corrido mucho. Subí a una valla alta y desde allí pude ver la prensa de algodón, la casa grande y el espacio entre ambas.

Era un lugar desde donde podía divisar toda la plantación. Vi cómo Tibeats cruzaba el campo hacia la casa, y entraba en ella, y cómo salía con su silla de montar, se subía a su caballo y se alejaba al galope.

Yo estaba desolado, pero agradecido. Agradecido porque había salvado la vida; desolado y desanimado con la perspectiva que tenía por delante. ¿Qué sería de mí? ¿Quién me acogería? ¿Hacia dónde tenía que correr? ¡Oh, Dios mío! Tú que me diste la existencia y que implantaste en mi pecho el amor por la vida, que la llenaste de emociones como hiciste con los demás hombres, tus criaturas, no me abandones. Ten piedad de este pobre esclavo, no lo dejes perecer. Porque si tú no me proteges, estoy perdido. ¡Perdido! Tales súplicas, silenciosas y no pronunciadas, ascendieron desde mi corazón al Cielo. Pero no obtuvieron la respuesta de una voz que me hablara en un tono amable; que descendiera desde las alturas para susurrarle a mi alma: «Soy yo, no tengas miedo». Me vi desamparado por Dios y despreciado y odiado por los hombres.

Los tres cuartos de hora o la hora siguiente varios esclavos me gritaron e me hicieron señas de que corriera. Al mirar hacia el pantano, vi a Tibeats y a otros dos a caballo, que se acercaban rápidamente, seguidos por una jauría de perros. Eran como ocho o diez. A pesar de la distancia los reconocí. Pertenecían en la plantación vecina. Los perros que se utilizan en Bayou Boeuf para cazar a los esclavos son una especie de sabuesos, pero de una raza mucho más salvaje que la de los estados del norte. Cuando atacan a un negro por orden de su señor, se aferran a él como el bull-dog común se aferraría a un animal de cuatro patas. Con frecuencia sus fuertes ladridos se oían en los pantanos, y provocaban las elucubraciones sobre dónde darían caza al fugitivo. Igual que un cazador de Nueva York se detendría a escuchar a los sabuesos que trepan a lo largo de las laderas, y le sugiere a su compañero que el zorro debe de andar por allí. Nunca supe de un esclavo que hubiera escapado con vida de Bayou Bouef. Una de las razones es que no se les permitía aprender a nadar y no podían cruzar ni el más insignificante arroyuelo. Tomaran la dirección que tomaran, en su huida llegaban necesariamente al poco tiempo a un pantano, y era cuando se presentaba la inevitable alternativa de ahogarse o dejar que los perros los cazaran. En mi juventud había practicado en los arroyos que recorren mi pueblo, incluso me había convertido en un experto nadador, por lo que me sentía en el agua como en mi elemento.

Me quedé sobre la cerca hasta que los perros llegaron a la prensa de algodón. Al cabo de un instante, sus prolongados y salvajes aullidos me anunciaron que estaban sobre mi pista. Salté de mi atalaya y corrí hacia el pantano. El miedo me dio alas y me esforcé al máximo. A cada instante podía oír los ladridos de los perros. Me iban ganando terreno. Cada aullido nuevo estaba más cerca. Esperaba que de un momento a otro saltaran sobre mi espalda y sentir sus dientes clavados en mi carne. Había tantos, que sabía que me harían pedazos, que me darían dentelladas todos a la vez hasta matarme. Me faltaba el aliento y jadeaba con fuerza. Cada vez que el aire me faltaba, rezaba al Todopoderoso para que me salvara dándome fuerzas para llegar hasta algún gran pantano, en cuyas aguas perdieran mi pista, o donde me hundiera para siempre. Llegué a lo más profundo de un espeso bosque de palmitos. Crujían con fuerza bajo mis pies, pero no lo bastante para ahogar los ladridos de los perros.

Continé mi carrera hacia el sur, o lo más al sur que pude atinar, y llegué por fin a un punto donde el agua me cubría los pies. En aquel momento la jauría me seguía como a unos veinticinco metros. Podía oírlos golpearse y hundirse entre los palmitos, y sus intensos aullidos llenaban todo el pantano con un espantoso clamor. Recuperé algo la esperanza cuando llegué al agua. Si hubiera sido más profunda, quizá habrían perdido la pista, y si quedaban desconcertados, me brindaría la oportunidad de alejarme de ellos. Por suerte a medida que avanzaba era cada vez más profunda. Primero me llegaba por encima del tobillo, luego hasta las rodillas, más tarde hasta la cintura, y al final ya me cubría en los puntos más profundos. Los perros no me habían ganado terreno desde que entré en el agua. Evidentemente los había despistado. A partir de ese momento sus ladridos salvajes se volvieron más y más distantes, lo que me daba la seguridad de que me alejaba de ellos. Finalmente, me detuve a escuchar, pero un largo aullido que rompió el aire me indicó que aún no estaba seguro. De una ciénaga a la otra donde yo estaba aún podían seguirme la pista, aunque con dificultad a causa del agua. Por fin, para mi gran alegría, llegué a un enorme pantano, me sumergí y me di cuenta de que su pausada corriente iba en otra dirección. Eso sin duda confundiría a los perros porque la corriente se llevaría todo rastro de ese leve efluvio misterioso que permite a los perros la detección inmediata de la pista de los fugitivos.

Después de cruzar ese pantano el agua llegó a ser tan profunda que no podía correr. Más tarde supe que estaba en un lugar llamado Great Pacoudrie Swamp. Había muchos árboles: inmensos sicomoros, eucaliptos, álamos negros y cipreses, y se extiende, según me han informado, hasta las orillas del río Calcasieu. A lo largo de cincuenta o sesenta kilómetros aquellas tierras están deshabitadas, excepto por animales salvajes tales como osos, gatos monteses, tigres y los grandes reptiles viscosos que se arrastraban allí por todas partes. Mucho antes de llegar al pantano, de hecho desde el momento en que pisé el agua hasta que salí del pantano, los reptiles me rodeaban. Vi cientos de serpientes mocasín. En cada tronco o charca, en cada árbol caído que tenía que pisar o tocar, había algo vivo. Se arrastraban lejos de mi vista, pero a veces, con la urgencia, apoyaba las manos o los pies encima de alguna. Son serpientes venenosas y su mordedura es fatal, peor incluso que la de la serpiente de cascabel. Además, había perdido un zapato, y el único que me quedaba, me dejaba todo el tobillo al aire.

También vi muchos cocodrilos, grandes y pequeños, estáticos en el agua, o semejantes a troncos caídos. En general, al oír el ruido huían y se sumergían en los parajes más profundos. A veces, sin embargo, me daba de bruces directamente con un monstruo antes de verlo. En tales casos, retrocedía un poco y daba un breve rodeo para evitarlos. En cualquier situación, pueden recorrer una distancia corta rápidamente, pero no tienen la capacidad de girar. No es difícil perderlos de vista si se corre en círculos.

Sobre las dos de la tarde, oí por última vez a los sabuesos. Era más que probable que no hubiesen podido cruzar el pantano. Empapado y cansado, pero libre de la sensación del peligro inmediato, seguí adelante, aunque ya con más cautela y prevención contra las serpientes y cocodrilos que durante la carrera previa. En ese momento, antes de entrar en un lodazal, golpeaba el agua con un palo. Si las aguas se movían, lo rodeaba; si no, lo atravesaba.

Por fin se puso el sol, y el gran manto de la noche envolvió gradualmente el gran pantano en la oscuridad. Todavía titubeaba más en mi marcha, temiendo a cada instante sentir el mordisco terrible del mocasín, o ser arrastrado dentro de las fauces de algún cocodrilo enloquecido. El temor por estos depredadores casi igualaba al miedo que había sentido por los perros que me habían perseguido. Al cabo de un rato salió la luna, y su luz suave se deslizó a través del dosel de ramas cargadas de largas y colgantes lianas. Seguí andando si para hasta después de medianoche porque esperaba desembocar pronto en alguna región menos desolada y peligrosa. Pero el pantano cada vez era más profundo y el camino cada más complicado. Me di cuenta de que resultaba imposible ir mucho más allá, y por otra parte tampoco sabía en qué manos podía caer si tenía la suerte de lograr llegar a algún lugar habitado. Sin un pase, cualquier hombre blanco tenía plena libertad de arrestarme y retenerme en la cárcel hasta que mi amo pudiera «demostrar la propiedad, pagar los gastos y sacarme de allí». Yo era un vagabundo, y si por desgracia me encontraba a un ciudadano respetuoso de la ley de Louisiana que considerara su deber entregarme a su vecino, era probable que me detuviera de inmediato. En realidad, era difícil determinar a quién debía temer más, si a los perros, a los cocodrilos o a los hombres.

Sin embargo, pasada la medianoche, tuve que detenerme. La imaginación no es capaz de describir la soledad de la escena. ¡El pantano retumbaba con el graznido de miles de patos! Con toda probabilidad, desde la creación de la tierra ningún pie humano había penetrado jamás hasta lo más recóndito de la ciénaga. Sólo había silencio, pero un silencio que resultaba opresivo, como no lo había sido cuando el sol brillaba en el cielo. A medianoche mi intromisión había despertado a las bandadas de aves, que parecían habitar la ciénaga por centenares de miles. Sus gargantas locuaces derramaban todo tipo de sonidos, junto al revoloteo de multitud de alas, y además los rumores de las oscuras zambullidas en el agua a mi alrededor me tenían asombrado y horrorizado. Todas las aves del cielo y todos los reptiles de la tierra parecían haberse reunido en aquel punto concreto con el propósito de llenarlo de clamores y confusión. Aunque no había viviendas humanas ni estaba en una ciudad atestada, no faltaban la imagen y los rumores de la vida. Los lugares más salvajes de la tierra están llenos de ella. Incluso en el corazón de aquella sombría ciénaga, Dios había provisto un refugio y un lugar de residencia para millones de seres vivos.

La luna se había elevado por encima de los árboles, cuando resolví retomar la marcha. Hasta entonces había intentado viajar siempre que me fuera posible hacia el sur. Volví sobre mis pasos y cogí la dirección noroeste, con la intención de llegar a Pine Woods, en los alrededores de la propiedad del amo Ford. Una vez estuviera bajo su sombra protectora, creía que podía sentirme relativamente seguro.

Mi ropa estaba hecha jirones; las manos, la cara y el cuerpo cubiertos de arañazos provocados por los duros nudos de los árboles caídos, la maleza y la turba. Mi pie desnudo estaba lleno de espinas clavadas. Estaba manchado de lodo y del limo verde que se había acumulado en la superficie del agua estancada en la que había tenido que meter la cabeza muchas veces durante el día y la noche. Hora tras hora, y sopesando la posibilidad de que me encontraran, continué avanzando sin descanso en dirección noroeste. El agua empezó a ser menos profunda y el suelo más firme bajo mis pies. Por fin llegué a la Pacoudrie, el mismo gran pantano en el que había nadado mientras hacía el recorrido «de ida». Nadé de nuevo, y poco después me pareció oír el canto de un gallo, pero el sonido era débil, y podía haber sido una ilusión auditiva. La profundidad del agua se reducía a medida que avanzaba. Dejé ya los pantanos tras de mí, pisé tierra firme y subí gradualmente a la llanura. Sabía que estaba en algún lugar de Great Pine Woods.

Justo al amanecer llegué a una zona vallada, una especie de pequeña plantación, pero que nunca había visto antes. En la linde del bosque encontré a dos hombres, un esclavo y su joven amo que estaban cazando jabalíes. Sabía que el hombre blanco me exigiría mi pase, y como no podía dárselo, me apresaría. Estaba demasiado cansado para correr de nuevo, y demasiado desesperado para ser capturado de nuevo, y por lo tanto adopté una treta que resultó un éxito total. Asumiendo una expresión feroz, caminé sin titubear hacia él mirándolo fijamente a la cara. Mientras me acercaba, él se movió hacia atrás alarmado. Era evidente que estaba muy asustado. ¡Me observaba como si fuera un duende infernal surgido de las entrañas de la ciénaga!

—¿Dónde vive William Ford? —le pregunté con acritud.

—A once kilómetros de aquí —fue su respuesta.

—¿Por dónde se va a su casa? —seguí preguntando, procurando parecer más feroz que nunca.

—¿Ves esos pinos de allí? —me preguntó, señalando un par de ellos, como a kilómetro y medio de distancia, que se elevaban muy por encima de los demás, como un par de centinelas que vigilaran la amplia extensión de bosque.

—Ya los veo —le respondí.

—Al pie de aquellos pinos —continuó—, está el camino de Texas. Gira a la izquierda, y llegarás a la casa de William Ford.

Sin mediar una palabra más, me apresuré hacia adelante, dichoso de poner la mayor distancia posible entre ellos y yo. Cuando encontré el camino de Texas, giré a la izquierda, como me habían dicho, y enseguida pasé por un gran fuego donde ardían un montón de troncos. Me acerqué con la intención de secar mi ropa, pero la luz gris de la mañana rompía rápidamente a lo lejos. Algún hombre blanco que pasara podría verme, y además el calor me provocó sueño. Renuncié y seguí mi camino, y finalmente, alrededor de las ocho, llegué a casa del amo Ford.

Los esclavos no estaban en las cabañas porque habían acudido al trabajo. Atravesé la explanada, llamé a la puerta y me abrió la señora Ford. Tenía un aspecto tan cambiado, estaba tan maltrecha y agotada, que no me reconoció. Pregunté si el amo Ford estaba en casa, y en ese momento el buen hombre hizo su aparición, antes de que me pudieran responder a la pregunta. Le hablé de mi fuga, y le di todos los datos relacionados con esta. Me escuchó con atención, y cuando por fin llegué a la conclusión, me habló con amabilidad y simpatía, y me llevó a la cocina. Llamó a John y le ordenó que me preparase la comida. No había probado bocado desde la mañana anterior.

Cuando John puso la comida delante de mí, la señora salió con un tazón de leche, y muchos pequeños y deliciosos manjares con los que rara vez se satisface el paladar de un esclavo. Tenía hambre y estaba cansado, pero ni la comida ni el descanso me resultaron tan placenteros como las benditas palabras de bondad y consuelo. Eran el aceite y el vino que el buen samaritano de Great Pine Woods vertía sobre el espíritu herido del esclavo, que llegó hasta él con la ropa en hilachas y medio muerto.

Me dejaron en la cabaña para que pudiera descansar. ¡Bendito sueño! Nos visita a todos por igual y desciende como rocío del cielo sobre el esclavo y el libre. Pronto se posó sobre mi pecho, ahuyentó los problemas que lo oprimían, y me llevó a esa región de sombras donde volví a ver las caras y a oír las voces de mis hijos, que, ojalá, como a veces sospechaba, no hubieran caído en los brazos de ese otro sueño del que nunca se despierta.

11

Después de un largo sueño, en algún momento de la tarde me desperté, renovado, pero muy dolorido y agarrotado. Sally entró y habló conmigo mientras John me hacía la cena. Sally tenía muchos problemas, probablemente tantos como yo. Uno de sus hijos estaba enfermo y ella temía que no sobreviviera. Después de cenar y pasear un rato por los alrededores, de visitar la cabaña de Sally y ver a su hijo enfermo, dio una vuelta por el jardín de la señora. Aunque se trataba de una época del año en que no se oyen apenas las voces de las aves y los árboles están más despojados de sus hojas que en verano a causa del frío, había una gran variedad de rosas, y una frondosa vid se encaramaba por el emparrado. Frutos rojos y dorados colgaban medio ocultos entre pequeñas y grandes flores de melocotón, naranja, ciruela y granada, porque en aquella región de clima siempre templado las hojas caían y las yemas daban flores durante todo el año.

Me sentía profundamente agradecido al amo y a la señora Ford, y como deseaba pagar de alguna manera su bondad, podé las viñas y después recorté la maleza entre los naranjos y los granados. Estos últimos alcanzan una altura de entre dos y tres metros, y su fruto, aunque más pequeño, tiene la forma de una medusa. Su sabor es parecido al de la fresa. Las naranjas, melocotones, ciruelas, y la mayoría de los demás frutos se crían perfectamente en el cálido y rico suelo de Avoyelles, pero la manzana, el más común de todos ellos en las latitudes más frías, allí escasea.

La señora Ford salió en aquel momento y me agradeció mi esfuerzo, pero me dijo que no estaba en condiciones de trabajar, que podía recaer y que permaneciera recogido hasta que el amo tuviera que bajar hasta Bayou Boeuf, que no sería ese día, y probablemente tampoco el siguiente. Le repliqué que desde luego había estado muy mal, que me dolían los pies a causa de los arañazos y los desgarros de las espinas, pero pensaba que ese trabajo no me haría ningún mal, y que había sido un gran placer trabajar para tan buena ama. Ella volvió a la casa grande y yo pasé los tres días siguientes mucho tiempo en el jardín limpiando los caminos, arreglando los arriates de flores y recogiendo las ramas del jazmín, a las que mi amable y generosa protectora había enseñado a trepar por los muros.

La mañana del cuarto día, ya repuesto y descansado, el amo Ford me ordenó prepararme para acompañarlo al bayou. Sólo había un caballo de monta en la casa, porque todos los demás, junto con las mulas, estaban en la plantación. Le dije que yo podía ir a pie, y me despedí de Sally y de John en la entrada y salí trotando junto al caballo.

Aquel pequeño paraíso en el Great Pine Woods había sido un oasis en el desierto que mi corazón recordó con amor durante años de esclavitud. En aquel momento salí de allí con pesar y tristeza, aunque no tanta como si hubiera sabido que jamás iba a regresar.

El amo Ford me insistió para que lo relevara algunos ratos en el caballo, pero le dije que no, que no estaba cansado, y que prefería ir a pie. Me contó muchas cosas y charlamos a lo largo del camino, mientras guiaba al caballo para que avanzara lentamente a fin de que yo puediera seguirle el ritmo. Me aseguró que la misericordia de Dios se había manifestado en el milagro de que lograra escapar del pantano. Como Daniel salió indemne de la guarida de los leones y como Jonás había sobrevivido en el vientre de la ballena, así me había librado del mal el Todopoderoso. Quiso conocer el miedo y las emociones que había experimentado durante aquel día y aquella noche, y si sentí, en algún momento, la necesidad de orar. Le respondí que me había sentido abandonado por el mundo y que no dejé de orar mentalmente en ningún momento. Me dijo que en esos momentos el corazón del hombre se vuelve instintivamente hacia su Creador. Me recordó que es en los momentos felices y cuando no tiene nada que temer cuando lo olvida y no se prepara para las dificultades, pero en medio de los peligros, cuando no puede esperar ayuda, cuando tiene la tumba abierta ante él, es el momento de su tribulación. Es cuando el hombre cínico e incrédulo se vuelve hacia Dios; es cuando siente que no tiene otra esperanza, otro refugio, otra la seguridad, que la de brazo protector.

De esta manera el bondadoso hombre me hablaba de la vida, de la vida después de la muerte, de la bondad y del poder de Dios, y de la vanidad de las cosas terrenas mientras avanzábamos por el solitario camino de Bayou Boeuf.

Estábamos a unos ocho kilómetros de la plantación cuando divisamos en la distancia un jinete que galopaba hacia nosotros. Al acercarse ¡vi que era Tibeats! Me miró un momento, pero no se me acercó. Dio la vuelta y desmontó junto a Ford. Yo me acerqué sigilosamente al flanco del caballo para intentar oír la conversación. Ford le informó de mi llegada a Pine Woods tres días antes, del penoso estado en que llegué y de las dificultades y peligros que había pasado.

–Mire –exclamó Tibeats, omitiendo sus habituales juramentos en presencia de Ford–, nunca antes había visto a alguien correr tanto. Le apuesto cien dólares a que ningún «negrata» lo supera en Louisiana. Le ofrecí veinticinco dólares a John David Cheney para que los capturara vivo o muerto, pero ha logrado correr más que sus perros. Claro que los perros de Cheney no valen mucho. Los lebreles de Dunwoodie lo habrían derribado en cuanto hubiera tocado los palmitos. Por alguna razón los perros perdieron la pista, y hemos tenido que renunciar a la caza. Montamos a caballo hasta que nos fue posible y luego seguimos a pie hasta donde el agua casi alcanzaba un metro de profundidad. Los muchachos aseguraron que se había ahogado. Yo estaba empeñado en encontrarlo. Desde entonces, he montado a caballo arriba y abajo del bayou, pero todos seguían pensando que con toda seguridad había muerto. Ah, este negro es muy bueno corriendo.

Tibeats describía así su búsqueda en el pantano, la impresionante velocidad con la que había huido de la jauría. Cuando terminó, el amo Ford le respondió que yo siempre había sido un servidor fiel; que sentía mucho los problemas creados; que, según la versión de Platt, había recibido un trato inhumano, y que él, Tibeats, se había comportado mal. Remarcó que castigar a los esclavos con hachas y hachuelas era una vergüenza y no se debía permitir.

–No es la manera adecuada de tratarlos. Tendrá consecuencias perniciosas para todos. Los pantanos se llenarán de fugitivos. Un trato más suave sería mucho más efectivo para retenerlos y que fueran más obedientes, que el uso de esas armas mortíferas. Todas las plantaciones del bayou deben desaprobar el trato inhumano. Hacerlo es por el interés de todos. Es evidente, señor Tibeats, que usted y Platt no pueden convivir. A usted le desagrada, y no vacilaría en matarlo, y él volvería a huir corriendo de nuevo para salvar su vida. Señor Tibeats, debe venderlo, o al menos cederlo por contrato. Si no lo hace, tomaré las medidas necesarias para que se lo arrebaten.

Y con un tono parecido Ford le dirigió el resto de su parrafada. Yo no abrí la boca. Al llegar a la plantación, entró en la casa grande mientras yo descansaba en la cabaña de Eliza. Los esclavos se quedaron asombrados de verme allí al volver del campo. Estaban convencidos de que me había ahogado. Esa noche, como otras veces, se congregaron en torno a la cabaña para escuchar la historia de mi aventura. Daban por sentado que me iban a azotar, y que sería una pena muy dura, la conocida como «castigo por escapar», que consistía en quinientos azotes.

–Pobre desgraciado –decía Eliza mientras me palmeaba con la mano–. Habría sido mejor que te hubieras ahogado. Tienes un amo cruel y temo que te mate.

Lawson sugirió que quizá fuera el capataz Chapin quien tuviera que azotarme, en cuyo caso no sería tan grave, mientras que Mary, Rachel, Bristol y otros aseguraban que lo haría el amo Ford, y que entonces no se haría la flagelación. Todos se apiadaban de mí, trataban de consolarme y se entristecían por el castigo que me esperaba, excepto Kentucky John. No paraba de reírse. La cabaña se llenó con sus carcajadas, mientras él se sujetaba el costado para no partirse de risa, y la causa de su ruidosa alegría era el recuerdo de que había adelantado a los lebreles. De alguna manera, él lograba ver el lado cómico.

—Sabía que no te cogerían cuando cruzaste la plantación. ¡Ah, Señor! Conque no pudieron alcanzar tu velocidad, ¿eh, Platt? Cuando los perros te seguían, les decías ¡guau, guau, guau! ¡Ah, Señor, qué divertido! —y Kentucky John volvía a soltar otra de sus estruendosas carcajadas.

A la mañana siguiente, muy temprano, Tibeats abandonó la plantación. A mediodía, mientras deambulaba por el edificio de la desmotadora, un hombre alto y bien plantado me preguntó si yo era el chaval de Tibeats. Y es que el término «chaval» se aplicaba indiscriminadamente a los esclavos, aunque hubieran cumplido hacía tiempo los trece años. Me quité el sombrero, y respondí que era yo.

—¿Te gustaría trabajar para mí? —preguntó.

—Desde luego, me gustaría mucho —dije, con la súbita esperanza de escapar de Tibeats.

—Has trabajado para Myers en la hacienda de Peter Tanner, ¿no es cierto?

Le respondí afirmativamente, y añadí algunas palabras elogiosas sobre Myers y nuestra relación.

–Bueno, chaval –dijo él–, he llegado a un acuerdo con tu amo para que trabajes para mí en Big Cane Brake, a sesenta kilómetros de aquí, más abajo del Red River.

Este hombre era el señor Eldret, que vivía más al sur que Ford, en el mismo lado del bayou. Le acompañé a sus plantaciones, y por la mañana comencéa trabajar con su esclavo Sam y un carro de carga tirado por cuatro mulas, que servía para trasladar la caña. Eldret y Myers nos precedían a caballo. Este Sam era nativo de Charleston, donde tenía madre, hermanos y hermanas. Era un «consentido», un término común tanto entre blancos como negros, y me dijo que Tibeats era un hombre infame, y que esperaba, como también lo esperaba yo, que el amo me comprara.

Avanzamos por la orilla sur del bayou y cruzamos la plantación de Carey. Desde allí pasamos Huff Power, y llegamos al camino del Bayou Rouge que discurre a lo largo del Red River. Después de pasar a través de la zona pantanosa de Bayou Rouge, cuando ya se ponía el sol, entramos en la vía de Big Cane Brake. Seguimos por un camino que apenas permitía el paso del carromato por la densidad del cañaveral. No se podía ver a una persona entre aquellas cañas a una distancia de cinco metros. Pasaban corriendo ante nosotros en todas direcciones animales salvajes como el oso y el tigre americano, que abundan en aquellas regiones, y allí donde había una charca de agua estancada, proliferaban los cocodrilos.

Seguimos nuestro solitario camino a través del Big Cane varias millas hasta llegar a un claro conocido como Sutton's Field. Hacía muchos años, un hombre llamado Sutton se había adentrado entre el desértico cañaveral hasta llegar a este lugar solitario. Cuenta la tradición que era un fugitivo, no del ejército, sino de la justicia.

Aquí vivía solo, como un ermitaño del pantano, y se alimentaba de lo que él mismo plantaba y cosechaba. Un día, una banda de indios lo sorprendió en su soledad, y tras un sangriento combate, le vencieron y lo asesinaron. En millas a la redonda, los esclavos, en las explanadas de las casas grandes les contaban a los niños blancos historias de supersticiones como ésta de Big Cane. Durante más de un cuarto de siglo, las voces humanas rara vez habían perturbado el silencio del claro. La maleza y las malas hierbas se adueñaban del campo antes cultivado y las serpientes tomaban sol en la puerta de la cabaña medio derruida. Es, ciertamente, un sombrío cuadro de desolación.

Pasado Sutton's Field, tomamos otra desviación y avanzamos otros tres kilómetros hasta donde moría el camino. Habíamos llegado a las tierras vírgenes del señor Eldret, desde donde se contemplaba una enorme plantación. A la mañana siguiente fuimos a trabajar con nuestros machetes cortacañas, y despejamos un espacio suficiente para levantar dos cabañas, una para Myers y Eldret, y otra para Sam y yo, y algunos esclavos se nos unieron en el trabajo. Nos encontrábamos entre viejos árboles, cuyas copas gigantescas formaban un enramado que casi impedía la entrada de la luz del sol. Además, el espacio entre cada tronco era una masa impenetrable de cañas, con algunos palmitos dispersos.

Los laureles gigantes y los sicomoros, los robles y los cipreses, alcanzaban un crecimiento sin precedentes en las tierras bajas y fértiles que bordeaban el Red River. Además, de los árboles colgaban largas y gruesas lianas, sorprendentes para alguien no habituado a su aspecto. Estas lianas se enviaban al Norte en grandes cantidades y se utilizaban en diversas manufacturas.

Talamos robles, hicimos tablones, y con éstos levantamos cabañas provisionales. Para los tejados empleamos grandes hojas de palma, un excelente sustituto de la tejas de tablilla mientras aguantasen.

La mayor molestia que encontré allí eran las moscas y los mosquitos. Surgían del aire. Se metían en los orificios de las orejas, la nariz, los ojos, la boca. Hasta se introducían por debajo de la piel. Era imposible aventarlos o matarlos. Casi parecía como si pretendieran devorarnos poco a poco con sus pequeños labios.

Es difícil imaginar que pudiera haber algún otro detalle desagradable en Big Cane Brake, porque para mí fue un paraíso en comparación con cualquier otro lugar donde estuviera el amo Tibeats. Trabajé arduamente, y muchas veces me sentí harto y fatigado, pero podía acostarme en paz por las noches sabiendo que por la mañana podía levantarme sin temor.

En el transcurso de la primera quincena, llegaron cuatro muchachas negras de la plantación de Eldret: Charlotte, Fanny, Cresia y Nelly. Todos eran grandotas y fuertes. Les entregaron hachas y las enviaron con Sam y conmigo a talar árboles. Eran excelentes en ese trabajo, y tanto los grandes robles como los sicomoros resistían poco rato en pie a sus bien medidos hachazos. En cuanto a fuerza, igualaban a la de cualquier hombre. Hay tantos leñadores como leñadoras en los bosques del sur. De hecho, en la región de la Bayou Boeuf las mujeres podían cubrir la mayor parte de toda la mano de obra necesaria en las plantaciónes. Podían labrar, azadear, desbrozar claros en las tierras salvajes, limpiar los caminos, y todo lo demás. Algunos plantadores con extensas explotaciones de algodón y azúcar sólo recurrían a la mano de obra de las esclavas. Es el caso de Jim Burns, que vive en la costa norte del bayou, frente a la plantación de John Fogaman.

A nuestra llegada a la plantación, Eldret me prometió que en un mes, si trabajaba bien, podría ir a visitar a mis amigos de la finca de Ford. La noche del sábado de la quinta semana, le recordé su promesa cuando él me dijo que estaba trabajando bien y que podía ir. Cuando Eldret me lo concedió amablemente, mi corazón rebosaba alegría. Tenía que regresar a tiempo para realizar todas las labores del día el martes por la mañana.

Mientras gozaba de la agradable anticipación de reunirme tan pronto con mis viejos amigos una vez más, de repente la odiosa figura de Tibeats apareció entre nosotros. Quiso saber cómo íbamos Myers y yo. Le dijeron que muy bien, y que por eso yo iba a la plantación de Ford a la mañana siguiente a hacer una visita.

–¡Anda! ¡Anda! –exclamó Tibeats. No merece la pena arriesgarse a perder a este negrata. No es seguro. No puede ir.

Pero Eldret insistía en que yo había trabajado con efectividad y que él me lo había prometido. Le dijo que en esas circunstancias no podía decepcionarme. A continuación, los dos se alejaron y entraron en una cabaña y yo en otra. No podía renunciar a la idea de ir; habría supuesto una gran decepción. Antes del amanecer decidí que si Eldret no ponía ninguna objeción, me arriesgaría. En cuanto salió el sol, ya estaba a su puerta con mi manta enrollada colgando de un palo sujeto a mi hombro, a la espera de su permiso. En ese momento, Tibeats salió de muy mal humor, se lavó la cara, se dirigió a un tocón cercano, se sentó y se quedó un buen rato rumiando alguna idea. En un repentino arranque de impaciencia, empezó a hablar.

–¿Te vas sin pase? –me gritó.

–Sí, amo, pensaba pedirlo –le contesté.

–¿Y crees que te lo daré? –me soltó.

–No lo sé –fue la única respuesta que le pude dar.

–Tendrían que apresarte y enviarte a la cárcel, donde deberías estar, antes de recorrer la mitad del camino hasta allí –añadió mientras entraba en la cabaña.

Salió enseguida con el permiso en la mano y me dijo que era un «negrata que merecía cien latigazos». Lo tiró al suelo. Lo recogí, y me apresuré a salir lo más rápidamente posible.

Un esclavo capturado por su amo de plantación sin un permiso puede ser detenido y azotado por cualquier hombre blanco que lo encuentre. El que acababa de recibir decía:

Platt tiene permiso para ir a la plantación de Ford,
en Bayou Boeuf, y regresar el martes por la mañana.

JOHN M. TIBEATS

Era la fórmula habitual. En el camino, muchos me exigieron que se lo entregara, y luego me dejaban pasar. Algunos que tenían el aire y la apariencia de caballeros porque su ropa indicaba que eran personas ricas, a menudo ni se fijaban en mí; pero no había vagabundo o inconfundible holgazán que no me parara, me saludara, y me pidiera el permiso para analizar y examinar a fondo el permiso. Capturar fugitivos a veces supone dinero fácil. Si después de poner avisos no aparece el propietario, puede venderlo al mejor postor, y si lo reclaman, puede cobrar una tasa por el servicio de haberlo encontrado. Un hombre blanco, por lo tanto, aunque sea una especie de escoria humana, considera que posee la bula divina de poder detener a un negro desconocido si no lleva un permiso.

En aquella parte del estado en que vivía no hay posadas en los caminos. Yo no tenía dinero, y no me había llevado nada para el viaje desde Big Cane a Bayou Boeuf, pero con su pase en la mano, un esclavo nunca pasa hambre o sed. Sólo tiene que presentarlo al amo o al capataz de una plantación y declarar lo que desea, y de inmediato lo envían a la cocina a por comida o a una cabaña, según lo requiera el caso. El viajero se detiene en cualquier casa y pide allí comida con tanta libertad como si se tratara de una taberna pública. Es la costumbre del país. Sean cuales fueren los fallos de su forma de vida, lo indudable es de que los habitantes a lo largo del Red River y en los alrededores de los pantanos del interior de Louisiana son hospitalarios.

Llegué a la plantación de Ford al caer la tarde y pasé la noche en la cabaña de Eliza con Lawson, Rachel, y otros conocidos. Cuando dejamos Washington, Eliza era redonda y regordeta. Siempre altiva, con sus sedas y sus joyas mostraba una imagen de fuerza y elegancia. Ahora no era más que una tenue sombra de lo que fue. Su rostro estaba horriblemente ojeroso, y su firme figura se había inclinado como si cargara con el peso de un centenar de años. El viejo Elisha Berry no habría reconocido a la madre de su hija vestida con la basta ropa de los esclavos. Nunca la he vuelto a ver. Como ya no era útil en el campo de algodón, la habían vendido por casi nada a algún hombre de las inmediaciones de Peter Compton. El dolor había gastado despiadadamente su corazón, hasta que su fuerza la abandonó. Se dice que por eso su último amo la ató y abusó de ella sin piedad. Y ya no pudo recuperar el vigor de su juventud ni enderezar del todo su cuerpo baldado, que ya no fue el que era cuando tenía a su hijo con ella y la luz de la libertad brillaba en su camino.

Me enteré de los detalles relativos a su partida de este mundo por algunos esclavos de Compton que habían llegado a Red River por el bayou para ayudar a la joven señora Tanner durante la «temporada alta». Me contaron que pasó varias semanas en un estado deplorable tirada en el suelo de la cabaña sin poderse mover y que dependía de la caridad de sus compañeros para lograr algo de agua o de comida. Su amo no le dio el «golpe de gracia», como a veces se hace para detener el sufrimiento de un animal, sino que la dejó abandonada y sin ayuda para que llegase a su conclusión natural aquella vida llena de dolor y miseria. Cuando los esclavos volvieron una noche del campo la encontraron muerta. Durante el día, el Ángel del Señor, que se mueve invisible sobre toda la faz de la tierra reuniendo en silencio su cosecha de almas, entró en la cabaña de la mujer moribunda y se la llevó de allí. ¡Al fin era libre!

Al día siguiente enrollé mi manta y emprendí el regreso a Big Cane. Después de recorrer cinco kilómetros, en un lugar llamado Huff Power, el omnipresente Tibeats se unió a mí en la carretera. Me preguntó por qué volvía tan pronto, y cuando le contesté que estaba ansioso por regresar para no retrasarme, me dijo que no sería necesario ir más allá de la siguiente plantación porque aquel mismo día me había vendido a Edwin Epps. Avanzamos hacia la explanada, donde nos encontramos con este último caballero, quien me examinó y me hizo las preguntas usuales de los compradores. Como todo estaba en orden, me ordenó que me instalara en las cabañas y me dio una azada y hacha para mi uso personal.

Ya no estaba en la propiedad de Tibeats, no tenía cerca a su perro y su fuerza bruta, ni debía temer su ira y su crueldad día y noche. No sabía cómo sería mi nuevo amo, así que, ciertamente, no lamentaba el cambio. De esta manera cuando me anunciaron la buena nueva suspiré aliviado y me senté por primera vez en mi nuevo domicilio.

Tibeats desapareció poco después de aquella parte del país. Sólo una vez volví a verlo de lejos. Sucedió a muchos kilómetros de Bayou Boeuf. Estaba sentado a la puerta de una tienda de comestibles. Yo atravesaba la parroquia de St. Mary atado a una cadena de esclavos.

12

Edwin Epps, de quien mucho se va a hablar durante lo que queda de esta historia, es un hombre alto, corpulento, con el pelo claro, pómulos altos y nariz romana de dimensiones extraordinarias. Tiene los ojos azules, la tez blanca, y mide, como ya he apuntado, más de un metro ochenta y cinco de altura. Tiene la intensa e inquisitiva expresión de un jinete. Sus modales son repulsivos y bastos, y su lenguaje da pruebas de forma inmediata e inequívoca de que nunca ha disfrutado de las ventajas de la educación. Tiene la facultad de decir las cosas más insultantes, y a este respecto incluso aventaja al viejo Peter Tanner. En el momento en que entré a su cargo, Edwin Epps era aficionado a la botella, y sus «juergas» a veces se alargaban hasta a dos semanas completas. Últimamente, sin embargo, había reformado sus hábitos, y cuando me alejé de él era el más estricto ejemplo de la templanza que se podía encontrar en Bayou Boeuf. Cuando iba «de copas», el amo Epps era un escandaloso, fanfarrón, compinche ruidoso cuyo principal deleite era «bailar» con sus «negratas», azotarlos sobre el patio con su largo látigo sólo por el placer de oírlos chillar y berrear, hasta ver cómo aparecían los grandes verdugones en sus espaldas. Cuando estaba sobrio era callado, reservado y astuto, y no nos golpeaba indiscriminadamente como cuando estaba borracho, pero lanzaba la punta de su látigo hasta algún punto sensible de un esclavo rezagado con una maña que era muy peculiar en él.

Había sido conductor y supervisor en sus años mozos, pero en aquel momento llevaba una plantación en Bayou Huff Power, a dos kilómetros de Holmesville, dieciocho de Marksville y doce de Cheneyville. Era propiedad de Joseph B. Roberts, tío de su esposa, que se la había arrendado a Epps. Su cultivo principal era el algodón, y como es posible que algunos de los lectores de este libro no hayan visto nunca un campo de algodón, una descripción de su forma de cultivo puede resultar ilustrativa.

El terreno se prepara marcando surcos y crestas con el arado, y eso se denomina labrar. Para la labranza se utilizan casi exclusivamente bueyes y mulas. Es más frecuente que se dediquen a este trabajo las mujeres que los hombres. Labran, alimentan y cuidan los animales, y realizan todo el trabajo habitual en el campo, como lo hacen los labradores varones del norte.

Los surcos más sus crestas miden más o menos metro y medio de ancho de surco a surco. Un arado tirado por una mula va levantando la parte más alta de la cresta y el centro del surco, en el que una joven, casi siempre una mujer, deja caer las semillas que lleva en una bolsa colgada al cuello. Detrás de ella pasa una mula con la rastrilladora que cubre la semilla, por lo que se necesitan dos mulas, tres esclavos, un arado y una rastrilladora para plantar una hilera de algodón. Esta faena se realiza en los meses de marzo y abril. El maíz se siembra en febrero. Cuando no hay lluvias frías, el algodón suele brotar en una semana. En el transcurso de los ocho o diez días siguientes se lleva a cabo la primera escarda, que también se hace, en parte, con la ayuda del arado y la mula. El arado pasa lo más cerca posible a ambos lados del algodón, abriendo el surco. Los esclavos siguen con sus azadas y arrancan del surco las hierbas y el algodón, dejando las crestas a unos setenta centímetros de distancia. Esto se conoce como alijado del algodón. En dos semanas más comienza la segunda escarda. Esta vez el surco se abre hacia el algodón. Sólo una caña, la más grande, queda en pie en cada cresta. En quince días se azadona por tercera vez lanzando el surco hacia el algodón en la misma forma que antes, para matar toda la hierba entre las hileras. Sobre el 1 de julio, cuando ha alcanzado unos treinta centímetros de altura, se escarda la cuarta y última vez. En esta ocasión se ara todo el espacio entre las hileras, dejando un surco de agua en el centro. Durante todas estas escardas, el capataz o supervisor sigue a los esclavos a caballo con un látigo, como ya he descrito. El labrador más rápido encabeza la fila a una vara de distancia de sus compañeros. Si uno de ellos lo adelanta, lo azotan. Si uno cae detrás o se para, lo azotan. De hecho, el látigo vuela de la mañana a la noche, todo el día. La temporada de la escarda dura desde abril hasta julio, y en cuanto se termina un campo se empieza otro.

A finales de agosto comienza la cosecha del algodón. En ese momento cada esclavo se presenta con un saco. Va sujeto con una correa que cuelga del cuello. La boca del saco queda a la altura del pecho, mientras que el fondo llega casi hasta el suelo. Cada uno se presenta también con una gran cesta con una capacidad aproximada de dos barriles para amontonar el algodón en cuanto el saco está lleno. Las cestas se llevan al campo y se colocan en las cabeceras de cada hilera.

Cuando aparece una nueva mano no habituada al trabajo y se la envía por primera vez en el campo, lo azotan enseguida, y le ordenan que ese día recoja lo más rápido que pueda. Por la noche pesan lo que ha recogido, y así saben su capacidad para recolectar algodón. A partir de entonces debe llevar el mismo peso cada noche. Si se queda corto, se considera prueba de que ha flojeado, y la pena es una cantidad equivalente a su merma de trabajo en latigazos.

En un día corriente de trabajo se suelen recoger noventa kilos. Un esclavo que está acostumbrado a la recolección es castigado si él o ella recoge una cantidad menor. Hay grandes diferencias de capacidad para este tipo de trabajo. Algunos parecen tener una habilidad natural, o una rapidez, que les permite seleccionar con gran celeridad, y con ambas manos, mientras que otros, a pesar de la práctica o de la voluntad, son absolutamente incapaces de llegar a este peso habitual. Estos esclavos son desplazados de los campos de algodón y pasan a trabajar en otros menesteres. Patsey, de la que hablaré más adelante, era conocida por ser la más notable recolectora de algodón en Bayou Boeuf. A menudo era capaz de recoger con ambas manos y con rapidez sorprendente doscientos kilos al día.

Cada uno tenía asignada su tarea, por lo tanto, de acuerdo con sus habilidades de recolector, y no sustituían a nadie que no bajara de noventa kilos recogidos. Como yo era poco habilidoso en este trabajo, mi amo consideraba que había cumplido si entregaba esta última cantidad, mientras que, en cambio, Patsey seguramente habría sido azotada si no hubiera producido el doble.

El algodón crece como a metro y medio de altura, y cada tallo tiene un gran número de ramas que se disparan en todas las direcciones y se entrelazan por encima del surco de agua.

Hay pocas vistas más agradables que un gran campo de algodón cuando está en flor. Da una sensación de pureza, como una extensión inmaculada de la luz, de nieve recién caída.

A veces el esclavo recoge por el lado de una hilera y da la vuelta por el otro lado, pero habitualmente hay uno a cada lado que recoge todo lo que ha florecido y deja los capullos sin abrir para otro día. Cuando el saco está lleno, se vacía en la cesta. Hay que tener mucho cuidado la primera vez que se entra en el campo para no romper las ramas de los tallos. El algodón no florece en una rama quebrada. Epps nunca dejó de infligir el castigo más severo al desdichado esclavo que, por descuido o por ineptitud, era culpable de cualquier infracción en este sentido.

Se necesita mano de obra en los campo de algodón desde el amanecer, tan pronto como apunta la luz de la mañana, y, con la excepción de los diez o quince minutos a mediodía para tragarse su asignación de tocino frío, no se permite a los esclavos un momento de descanso hasta que la oscuridad impide ver. Incluso cuando hay luna llena, a menudo se trabaja hasta medianoche. No se atreven a parar ni siquiera a la hora de comer, ni regresar a las barracas por tarde que sea, hasta que el capataz da la orden de parar.

Finalizada la jornada de trabajo sobre el terreno, las cestas se «cargaban», o, en otras palabras, se llevaban al edificio de la desmotadora, donde se pesaba el algodón. No importaba cuán fatigado y dolorido se pudiera estar, no importa lo mucho que se anhelara el sueño y el descanso: un esclavo jamás se aproximaba sin miedo al edificio de la desmontadora con su canasta de algodón. Si se quedaba corto en el peso o si no había cumplido la tarea completa que se esperaba de él, sabía que sería castigado. Y si la había superado en cinco o diez kilos, con toda probabilidad su amo le mediría la producción del día siguiente en consecuencia. Por lo tanto, tuviera poco o tuviera demasiado, siempre se dirigía al edificio de la desmontadora con temor y angustia. Lo más frecuente era no alcanzar el peso prescrito, y por eso nunca tenían prisa por salir del campo. Después del pesado, llegaban los azotes, y entonces las cestas se llevaban al silo del algodón, y su contenido se dejaba caer dentro, como el heno. Todas las manos la enviaban abajo por la boca. Si el algodón no estaba seco, en vez de llevarlo al edificio de la desmontadora, se colocaba sobre plataformas de seis metros de ancho y a dos metros de altura, cubiertas de tablas o tablones, con pasarelas que corrían entre ellos.

Y el trabajo del día aún no había terminado. Cada uno debía ocuparse entonces de sus respectivas tareas. Uno tenía que dar de comer a las mulas, otro a los cerdos, otro cortar leña, y así sucesivamente; además, las pacas se embalaban a la luz de las velas. Por último, con una hora de retraso, llegaban a las barracas soñolientos y tenían que rematar el largo día con más trabajo. Había que encender fuego en la barraca, moler a mano las mazorcas de maíz para la cena y preparar la comida para el día siguiente en el campo. Todo lo que se les permitía comer era maíz y tocino, que les llevaban del granero y del ahumadero todos los domingos por la mañana. Cada uno recibía como asignación semanal poco más de un kilo de tocino y maíz suficiente para un pellizco en cada comida. Eso era todo. Nada de té, café o azúcar, y nada de sal, excepto unos granos de vez en cuando. Puedo decir, tras los diez años de residencia con el amo Epps, que ninguno de sus esclavos tenía propensión a sufrir de gota por los excesos o la superabundancia. Epps alimentaba a sus cerdos con cáscara de maíz y arrojaba a sus «negratas» las mazorcas. El primero, pensaba, engordaría más rápido con las peladuras sumergidas en agua, y quizá creía que si trataba igual a los negros, se pondrían demasiado gordos para trabajar. Maese Epps era calculador y astuto y sabía administrar a sus animales, tanto si estaba borracho como sobrio.

El molino de maíz se encontraba en el patio, debajo de un cobertizo. Era como un molino de café común y la tolva tenía una capacidad de unos seis kilos. Había un privilegio que el amo Epps concedía libremente a todos sus esclavos. Podían moler su maíz de noche, en las pequeñas cantidades de su ración diaria, o podían moler los domingos toda su asignación de la semana de golpe, como gustaran. ¡Un hombre muy generoso, el amo Epps!

Conservaba mi maíz en una cajita de madera y la comida en una calabaza, y, por cierto, la calabaza es uno de los utensilios más útiles y necesarios en una plantación. Además de sustituir a todo tipo de vajilla en una cabaña de esclavos, se utilizaba para el transporte de agua a los campos y también para la comida. Se prescindía por completo de la necesidad de tener vasos, cucharones, platos de peltre y otras superfluidades de madera.

Cuando ya se había molido el maíz, se hacía fuego y se descolgaba el tocino del gancho. Se cortaba un trozo y se echaba sobre sus brasas para asarlo. La mayoría de los esclavos no tenían cuchillo, y mucho menos tenedor. Cortaban el tocino con el hacha en la pila de la leña. La harina de maíz se mezclaba con un poco de agua, se metía en el fuego y se horneaba. Cuando ya estaba dorado, se raspaban las cenizas y se colocaba todo sobre una losa que hacía de mesa. El inquilino de la cabaña de esclavos estaba listo para sentarse en el suelo para cenar. Por lo general ya había pasado la medianoche. Acostarse producía el mismo terror al castigo que acercarse al edificio de la desmontadora. Era el miedo a quedarse dormido por la mañana. Una ofensa como la de no presentarse estaba penada con al menos veinte latigazos. Con una oración para suplicar poder levantarse sobre sus pies y estar totalmente despierto al primer sonido de la cuerna, el esclavo se hundía en su sueño nocturno.

En la mansión del esclavo las camas no son las más blandas del mundo. La mía, sobre la que me tumbé año tras año, era un tablón unos treinta y cinco centímetros de ancho por tres metros de largo. Mi almohada era un leño. La ropa de cama era una manta gruesa, sin tejido alguno entre ésta y el cuerpo. Se podía utilizar paja, pero atraía a un enjambre de pulgas.

La cabaña estaba construida con troncos, con suelo de tierra batida y una ventana. Esta última era del todo innecesaria porque por las grietas de los tablones de las paredes entraba suficiente luz. En caso de tormenta, la lluvia se colaba a través de ellos, lo que resultaba incómodo y muy desagradable. Una burda puerta colgaba de grandes bisagras de madera. En un extremo se había construido una poco eficaz chimenea.

Una hora antes del amanecer sonaba el cuerno para que nos levantáramos. De inmediato los esclavos se despertaban, preparaban el desayuno, llenaban una calabaza con agua, otra con su comida de tocino frío y torta de maíz, y se apresuraban a salir al campo de nuevo. Era un delito siempre seguido de latigazos que permanecieran en las cabañas después del amanecer. A continuación comenzaban los miedos y los trabajos del nuevo día, y hasta su conclusión no había nada parecido al descanso. Tenían miedo de que los pillaran en un retraso durante el día, de acercarse al edificio de la desmontadora con su cesta cargada de algodón al acabar la jornada, de quedarse dormidos por la mañana cuando se acostaban. Ésta es la verdad, la imagen exacta y la nada exagerada descripción de la vida cotidiana de los esclavos durante la recogida del algodón en las orillas pantanosas del Boeuf.

Casi siempre, en el mes de enero, se había completado la cuarta y última cosecha. Entonces comenzaba la recolección del maíz. Se consideraba un cultivo secundario y recibía mucha menos atención que el algodón. Se plantaba, como ya he mencionado, en febrero. El maíz se cultiva en esa región para el engorde de los cerdos y la alimentación de los esclavos; muy poco, casi nada en realidad, se enviaba al mercado. Era la variedad blanca, con una mazorca de gran tamaño y un tallo que podía alcanzar una altura de hasta dos metros. En agosto se abrían las hojas para que se secaran al sol y pudieran servir para el empaquetado, y se almacenaban como forraje para las mulas y los bueyes. Después, los esclavos pasaban por el campo y giraban la mazorca hacia abajo para que el agua de las lluvias penetrara en el grano. Se dejaba en esa posición hasta la recogida del algodón, bien antes o bien después. A continuación se separaban las mazorcas de los tallos y se depositaban en el granero encima de las cáscaras; de lo contrario, despojado de las cáscaras, el gorgojo las destruía. Los tallos se dejaban en el campo.

En aquella región también se cultiva bastante la patata Carolina, o boniato. Sin embargo, no sirve como alimento para los cerdos y vacas, por lo que se considera de escaso valor. Se conservan tapándolos con una capa de tierra, con un ligero recubrimiento de la arena y los tallos de maíz. No había sótanos en Bayou Boeuf. Las plantas bajas se llenaban de agua. Los boniatos valían de dos a tres «bits» o chelines el barril; el maíz, excepto cuando había una excepcional escasez, se podía comprar por el mismo precio.

En cuanto los cultivos de algodón y maíz estaban recogidos, los tallos se arrancaban, se colocaban en pilas y se quemaban. Mientras tanto, los arados iniciaban su proceso abriendo otra vez los surcos y preparando la nueva siembra. Después de haber realizado una extensa observación a lo largo del país, puedo asegurar que en los municipios de Rapides y Avoyelles la tierra es superior en riqueza y fertilidad. Es una especie de marga de color marrón o rojizo. No requiere del estímulo de los abonos necesarios en las tierras más áridas, y en el mismo campo se puede plantar el mismo cultivo durante muchos años sucesivos.

Arar, sembrar, cosechar el algodón, recoger el maíz y arrancar y quemar tallos ocupa la totalidad de las cuatro estaciones del año. Serrar y cortar madera, embalar el algodón, engordar y matar a los cerdos no son más que trabajos secundarios.

En los meses de septiembre u octubre, los perros alejan a los cerdos de los pantanos y los confinan en corrales. Una mañana fría, generalmente el día de Año Nuevo, son sacrificados. Cada canal se corta en seis partes, que se salan y se apilan una encima de otra sobre grandes tablas en el ahumadero. Así se mantienen durante quince días, luego se cuelgan, y se enciende un fuego que se mantiene durante más de la mitad de lo que queda del año. Este intenso ahumado es necesario para evitar que el tocino quede invadido por los gusanos. En un clima tan cálido es difícil conservarlo, y muchas veces yo y mis compañeros recibimos nuestra asignación semanal llena de estos bichos repugnantes.

Aunque en los pantanos hay ganado bovino por todas partes, nunca se ha considerado una fuente estimable de beneficios. El dueño de la plantación hace su seña de corte en la oreja, o marca sus iniciales en un costado y suelta a los animales en los pantanos para que deambulen sin restricciones dentro de confines casi ilimitados. Son de raza española, pequeños y de cuernos afilados. He sabido de manadas formadas a partir de las de Bayou Boeuf, pero no parece una buena idea. El valor de las mejores vacas es de unos cinco dólares por cabeza. Excepcionalmente dan dos litros por ordeño, proporcionan poco sebo y la piel es de escasa calidad. A pesar del gran número de vacas que pueblan los pantanos, los colonos están en deuda con el norte por su queso y su mantequilla, que se compran en el mercado de Nueva Orleans. La carne salada no era un alimento habitual, ni en la casa grande ni en las cabañas.

El amo Epps estaba acostumbrado a asistir a los torneos de tiro con el fin de obtener la carne fresca que necesitaba. Este deporte tenía lugar cada semana en la vecina aldea de Holmesville. Las reses más gordas eran conducidas hasta allí y las mataban a tiros. Se pagaba un precio estipulado por este privilegio. El tirador que acertaba dividía la carne con sus compañeros, y de esta manera se entregaba a los plantadores que asistían.

El gran número de manso y salvaje ganado que pululaba por los bosques y pantanos de Bayou Boeuf fue el probablemente sugirió esa denominación a los franceses, ya que la traducción del término es «el arroyo o río del búfalo».

Productos de huerta, tales como coles, nabos y similares, se cultivaban para el uso del amo y su familia. Tenían verduras y hortalizas en todos los momentos y las estaciones del año. «La hierba se seca y la flor se marchita» antes de que lleguen los vientos asoladores del otoño en las latitudes del norte frío, pero el verdor perpetuo se sucede en las cálidas tierras bajas, y las flores se abren en el corazón del invierno en las tierras de Bayou Boeuf.

No había praderas apropiadas para el cultivo de los pastos. Las hojas del maíz suministraban una cantidad suficiente de alimento para los animales de labor, mientras que los demás animales se aprovisionaban por sí mismos todo el año de una hierba que nunca se agostaba.

Hay muchas otras peculiaridades del clima, de los hábitos, las costumbres y la manera de vivir y trabajar en el sur, pero lo dicho, creo yo, le dará al lector una pincelada y una idea general sobre la vida en una plantación de algodón en Luisiana. Explicaré más adelante la manera de cultivar la caña de azúcar y el procesado posterior.

13

A mi llegada, lo primero que me ordenó el amo Epps fue fabricar un hacha. En las que solían utilizar, el asa era un simple palo recto. Hice una con el asa curva, con la misma forma de las que solíamos usar en el norte. Cuando terminé y se la enseñé a Epps, la miró con asombro, incapaz de determinar exactamente qué era. Nunca antes había visto semejante mango, y cuando le expliqué sus ventajas, quedó impresionado por la fuerza y la novedad de la idea. La guardó en la casa mucho tiempo, y cuando sus amigos se lo pedían, solía exhibirla como una curiosidad.

Era la estación del azadonado. Me enviaron por primera vez al campo de maíz, y después empecé a desmochar algodón. Permanecí en ese trabajo hasta que casi terminó la etapa de la azada, y por entonces empecé a experimentar que los síntomas de la enfermedad se acercaban. Empezaron los escalofríos, seguidos de una fiebre intensa. Me quedé débil y demacrado, y con frecuencia tan mareado que trastabillaba como un borracho. Sin embargo, me obligaron a mantenerme en mi fila. Cuando estaba sano tenía muchas dificultades para mantener el ritmo de trabajo de mis compañeros, pero enfermo parecía ser completamente imposible. Muchas veces me retrasaba, y cuando los latigazos del capataz tocaban mi espalda, infundían en mi cuerpo enfermo y decaído algo de energía momentánea. Seguí empeorando hasta que al fin el látigo fue totalmente ineficaz. El aguijón agudo del cuero no era capaz de levantarme. Por último, en septiembre, cuando la temporada álgida de la recolección de algodón estaba al caer, pude salir de mi cabaña. Hasta aquel momento no había recibido ningún medicamento ni ninguna atención por parte de mi amo o de mi ama. La vieja cocinera me visitaba de vez en cuando, me preparar el maíz tostado, y a veces me cocinaba un poco de tocino cuando me encontraba demasiado débil para hacérmelo yo mismo.

Cuando le dijeron que iba a morir, el amo Epps se resistió a este perjuicio económico, porque la muerte de un animal como yo le costaba más de mil dólares, y llegó a la conclusión que le convenía pagar el coste de enviar a alguien a Holmesville para que trajera al doctor Wines. Anunció a Epps que era un efecto del clima, y que existía la posibilidad de perderme. Ordenó que no tomara nada de carne y que no comiera más que lo absolutamente necesario para mantenerme con vida. Pararon varias semanas, durante las cuales, gracias a esta dieta a la que me sometieron, me recuperé un poco. Una mañana, mucho antes de hallarme en condiciones adecuadas para el trabajo, Epps apareció en la puerta de la cabaña, me dio un saco y me ordenó salir al campo de algodón. En aquel momento yo ya tenía alguna experiencia en la recolección del algodón. Era un trabajo ciertamente difícil. Mientras otros utilizan ambas manos, arrancaban el algodón y lo depositaban en la boca de la bolsa con una precisión y una destreza incomprensibles para mí, yo cogía una bola con una mano, mientras deliberadamente la otra mano dejaba los brotes de la flor blanca.

Por otra parte, meter el algodón en el saco era una dificultad añadida que exigía el ejercicio de ambas manos y de los ojos. Me veía obligado a recogerlo del suelo, donde se me caía un número de veces igual a los tallos donde crecía. Hice estragos también en las ramas cargadas de cápsulas todavía intactas, y el largo saco era para mí un engorro que se balanceaba de un lado a otro de una forma inadmisible en un campo de algodón. Después de un día más trabajoso llegué al edificio de la desmontadora con mi carga. Cuando la balanza determinó que el peso era de sólo cuarenta y cinco kilos, y que no llegaba ni a la media requerida al esclavo más inepto, Epps me amenazó con los azotes más severos, pero tuvo en cuenta mi condición de «mano prima», y decidió perdonarme en aquella ocasión. Al día siguiente, y muchos días siguientes, yo no regresaba por la noche con nada mejor que aquello. Evidentemente, no estaba hecho para ese tipo de trabajo. Yo no tenía el don, los diestros dedos y los rápidos movimientos de Patsey, que podían volar a lo largo de un lado de una hilera de algodón despojándola de su blancura inmaculada de una manera milagrosamente rápida. La práctica y los azotes eran igual de inútiles, y Epps, quedó convencido por fin cuando le juré que era una desgracia, pero que yo no estaba en condiciones de servir de «negrata» cosechador de algodón porque era incapaz de recoger la cantidad diaria para compensar mi manutención, y que no debía volver a entrar en los campos de algodón. Me emplearon entonces en cortar y acarrear leña, en trasladar algodón desde el campo hasta el edificio de la desmontadora, y cualquier otro servicio que se necesitara. Baste decir que nunca me permitieron permanecer inactivo.

Era raro el día que pasaba sin que azotaran una o dos veces. Solía ocurrir en el momento en que se pesaba el algodón. El delincuente que no había logrado el peso estipulado era arrastrado fuera, lo desnudaban, lo obligaban a tumbarse en el suelo boca abajo, y allí mismo recibía un castigo proporcional a su delito. Esto es literal, la verdad sin tapujos. En la plantación de Epps, los latigazos y los gritos de los esclavos se podían oír desde la puesta de sol hasta bien entrada la noche todos los días durante casi todo la temporada de la recogida del algodón.

El número de latigazos se contabiliza según la naturaleza del caso. Veinticinco se considera la medida estándar. Se inflige, por ejemplo, cuando aparece una hoja seca o un trozo de capullo en el algodón, o cuando se rompe una rama en el campo. Cincuenta es la pena ordinaria siguiente a toda infracción de grado inmediatamente superior. Cien se considera una pena severa: es el castigo infligido por el grave delito de permanecer ociosos en el campo. De ciento cincuenta a doscientos son el castigo para quien se pelea con sus compañeros de cabaña. Quinientos, bien servidos, además de la posible mutilación causada por los perros, es el castigo que reciben, sin compasión, los desgraciados fugitivos, y que provoca semanas de dolor y agonía.

Durante los dos años en que Epps permaneció en la plantación de Bayou Huff Power, tenía la costumbre, al menos una vez cada quince días, de llegar a casa borracho de Holmesville. Sus fugaces escapadas casi siempre acababan en escándalos. En esos momentos se volvía pendenciero y medio loco. A menudo rompía los platos, sillas y cualquier mueble que cayera en sus manos. Cuando quedaba satisfecho con su diversión en la casa, cogía el látigo y se dirigía al patio. Entonces convenía que los esclavos estuvieran atentos y fueran muy cautelosos. El primero que se ponía a su alcance sentía la descarga de su látigo. A veces pasaba horas merodeando en todas las direcciones, fisgando por las esquinas de las cabañas. De vez en cuando caía de repente sobre algún desprevenido, y si en su ronda tenía éxito al dar algún latigazo, quedaba encantado con su hazaña. Los niños pequeños y los ancianos, que tenían menos capacidad de reacción, eran sus víctimas. En medio de la confusión se agazapaba detrás de una cabaña y esperaba con el látigo levantado para lanzarse sobre la primera cara negra que asomaba cautelosamente por detrás de una esquina.

Otras veces llegaba a casa de un humor menos brutal. Entonces quería alegría. Entonces todos debían adaptarse a su humor. Entonces el amo Epps tenía la necesidad de que le regalaran los oídos con la melodía de la música de violín. Entonces se transformaba en un ser divertido, retozón, y que alegremente «saltaba sobre las ligeras y fantásticas puntas de los pies» alrededor de la plaza y por detrás de la casa.

Cuando me vendió, Tibeats le informó de que sabía tocar el violín. Y la información le había llegado de Ford. Epps me había comprado inducido por la insistencia de su mujer durante una visita a Nueva Orleans. Con frecuencia me llamaban a la casa grande para entretener a la familia porque la esposa era una apasionada de la música.

Cada vez que Epps volvía a casa en uno de sus estados de ánimo alegres, todos debíamos reunirnos en la gran sala de la casa grande. No importaba lo doloridos o agotados que estuviéramos: tocaba baile para todos. Una vez me situaba correctamente en el salón, empezaba a tocar la melodía.

–Bailad, negros, bailad –gritaba Epps.

Y entonces no se permitían interrupciones o demoras, nada de movimientos lentos o lánguidos. Todo debía ser enérgico, animado y vivo.

–Arriba, abajo, talón y puntera, y allá vamos –fue la orden inmediata.

El corpulento Epps se mezclaba con sus esclavos oscuros moviéndose con rapidez entre el dédalo de la danza.

Y casi siempre, con el látigo en la mano y a punto de caer sobre las orejas del esclavo atrevido que se atreviera a descansar un momento o parar para recuperar el aliento.

Cuando él mismo se sentía agotado, se hacía una pausa, pero sólo por un breve instante que era interrumpido por el chasquido del látigo y el grito para reiniciar la danza:

–Bailad, negratas, bailad.

Y vuelta a empezar una vez más, sin orden ni concierto, mientras que yo, animado por un fustazo del látigo, me sentaba en un rincón y extraía de mi violín una maravillosa melodía rápida bailable. La señora a menudo se enfadaba con él y declaraba que regresaría a casa de su padre en Cheneyville. Sin embargo, había momentos en que no podía reprimir una carcajada al presenciar sus barbaridades y escándalos. Con frecuencia, estas juergas nos retenían casi hasta la mañana. Agotados por el exceso de trabajo y sufriendo por la escasez de un poco de descanso restaurador, sentíamos más bien el deseo de tumbarnos en el suelo y llorar. Muchas noches, en la casa de Edwin Epps los esclavos eran más infelices porque tenían que bailar y reír.

A pesar de estas privaciones, y para satisfacer el capricho de un amo poco razonable, teníamos que estar en el campo en cuanto amanecía, y durante el día realizábamos la tarea común y habitual. Tales privaciones no servían como atenuante para que se recogiera menos peso, o para que en el maizal no empleáramos la azada con la rapidez de siempre. Los azotes eran tan brutales como si hubiéramos salido por la mañana, fortalecidos y vigorizados por una noche de reposo. De hecho, después de aquellas juergas frenéticas, él siempre era más duro y salvaje que antes, castigaba por causas más nimias y con el látigo mostraba una energía mayor y más vengativa.

Diez años me esforcé con aquel hombre sin ser recompensado. Diez años de labor incesante que contribuyó a incrementar el volumen de sus bienes. Diez años en que me vi obligado a dirigirme a él con los ojos bajos y descubrirme, con la actitud y el lenguaje de un esclavo. No tengo ninguna deuda con él, excepto la devolución de los abusos y los latigazos inmerecidos.

Fuera ya del alcance de su trato inhumano, y de pie de nuevo sobre el suelo del estado libre donde gracias al cielo nací, puedo levantar mi cabeza una vez más entre los hombres. Puedo hablar de las desgracias que me han ocurrido y de los que las infligieron con la cabeza bien alta. Y aunque no quiero contar nada de él ni de ningún otro que no sea la pura verdad, lo cierto es que para hablar de Edwin Epps hay que reconocer que era un hombre en cuyo corazón no se encontraban las virtudes de la bondad o de la justicia. A su activa brutalidad se unían una mente sin cultivar y un espíritu avaro, sus características principales. Se le conocía como un «destrozanegros». Se distinguía por su capacidad para someter el espíritu de esclavo, y se enorgullecía de su reputación en ese sentido, como un jinete se jacta de su habilidad para manejar un caballo díscolo. Veía a un hombre de color no como a un ser humano, responsable ante su Creador por el pequeño talento que le había confiado, sino como una «posesión personal», como una mera propiedad, no mejor, excepto por su precio, que su mula o su perro. Cuando pusieron ante él la evidencia, clara e indiscutible, de que yo era un hombre libre, y con tanto derecho a mi libertad como él. Cuando el día de mi partida le informaron de que tenía esposa e hijos, tan queridos para mí como los suyos lo eran para él, él sólo se dedicó a maldecirme. Juró que si con su dinero podía intentarlo denunciaría la ley por la que me habían arrancado de su propiedad, y declaró que encontraría al hombre que había enviado la carta que dio a conocer el lugar de mi cautiverio y que le quitaría la vida. No pensó más que en su pérdida, y me maldijo por haber nacido libre. Podía permanecer impasible al ver cómo a sus pobres esclavos les arrancaban la lengua de cuajo, podía verlos reducirse a cenizas a fuego lento, o cómo los perros los mataban a dentelladas, si eso le producía alguna ganancia. Un hombre duro, cruel e injusto. Así era Edwin Epps.

Sólo había en Bayou Boeuf un bestia que lo superaba. Como ya mencioné, en la plantación de Jim Burns trabajaban exclusivamente mujeres. Ese bárbaro las tenía con las espaldas tan doloridas y magulladas que no podían realizar el trabajo diario habitual que se exigía a un esclavo. Se jactaba de su crueldad, y por todas aquellas tierras estaba considerado como un hombre incluso más estricto y brutal que Epps. Como él mismo era una bestia, Jim Burns no ofrecía ni una partícula de misericordia a sus bestias humanas de carga, y como un estúpido, las pegaba y azotaba, eliminando así la fuerza sobre la que reposaban sus beneficios.

Epps permaneció en Huff Power dos años, y cuando logró acumular una considerable suma de dinero, compró una finca en la orilla este del Bayou Boeuf, donde todavía reside. Tomó posesión de ella en 1845, cuando pasaron las fiestas. Se llevó allí con él nueve esclavos, todos los cuales, excepto yo mismo y Susan, que ya ha muerto, permanecen allí todavía. No compró esclavos nuevos, y durante ocho años éstos fueron mis compañeros en aquella casa: Abram, Wiley, Phebe, Bob, Henry, Edward y Patsey. Todos ellos, a excepción de Edward, que ya nació después, los sacó Epps de una cuadrilla durante el tiempo en que fue capataz de Archy B. Williams, cuya plantación está situada a orillas del Red River, cerca de Alexandria.

Abram era tan alto que de pie su cabeza sobresalía por encima de cualquier hombre común. Tiene sesenta años y nació en Tennessee. Hace veinte años lo compró un comerciante, lo llevó a Carolina del Sur y lo vendió a James Buford, del condado de Williamsburgh, en ese mismo Estado. En su juventud estaba muy valorado por su enorme fuerza, pero la edad y el incesante trabajo han reducido un poco su poderoso cuerpo y debilitado sus facultades mentales.

Wiley tiene cuarenta y ocho. Nació en la finca de William Tassle y durante muchos años se encargó del transbordador de ese caballero en el Big Black River, en Carolina del Sur.

Phebe era esclava de Buford, el vecino de Tassle, y como se había casado con Wiley, la compró a instancias de Buford. Buford era un buen amo, sheriff del condado, y por entonces era un hombre rico.

Bob y Henry eran hijos de Phebe y de su anterior marido. El padre se fue y Wiley ocupó su lugar. Su juventud seductora se apoderó del amor de Phebe, y la esposa infiel expulsó con suavidad a su primer marido fuera de la puerta de su cabaña. Edward, hijo de Phebe y Wiley, nació en Bayou Huff Power.

Patsey tenía veintitrés años y también procedía de las plantaciones de Buford. No tenía ninguna relación familiar con los demás y se vanagloriaba de ser hija de un negro guineano que había llegado desde Cuba en un barco negrero. Este guineano fue vendido a Buford, que era el propietario de su madre.

Esto, que ellos mismos me contaron, es un resumen genealógico. Pasaron años juntos. A menudo recordaban sus días pasados y suspiraban por regresar sobre sus pasos a la vieja casa en Carolina. Los problemas que afectaron a su señor Buford, les acarrearon a ellos problemas mucho mayores. Tenía deudas, fue incapaz de enfrentarse a su desgraciada situación y se vio obligado a vender a éstos, y a otros de sus esclavos. Encadenados, fueron enviados a través del Mississippi hasta la plantación de Archy B. Williams. Edwin Epps, quien durante mucho tiempo había sido su capataz y supervisor, estaba a punto de establecerse en el negocio por su cuenta en el momento de su llegada, y los aceptó como pago de sus salarios.

El viejo Abram era un ser lleno de bondad, una especie de patriarca para nosotros, aficionado a entretener a sus hermanos más jóvenes con sus graves y serias disertaciones. Estaba profundamente versado en la filosofía que suele enseñarse en la cabaña del esclavo, pero la afición más absorbente del Tío Abram era el general Jackson, a quien su joven amo de Tennessee había seguido a las guerras. Le encantaba pasear de nuevo con la imaginación por los lugares donde había nacido, y contar las escenas de su juventud en aquellos comovedores momentos en que la nación estaba en pañales. Había sido atlético, y más astuto y fuerte que casi todos sus congéneres, pero su mirada ya se había debilitado, y había perdido su vigor. De hecho, muy a menudo, mientras explicaba el mejor método para asar la torta, o mientras se explayaba en generalidades sobre la gloria de Jackson, se olvidaba donde había dejado su sombrero, o su azada, o su canasta, y el viejo se reía si Epps estaba ausente, pero era azotado cuando estaba presente. Así que vivía en perpetua angustia y suspiraba al pensar que se hacía viejo y entraba en la decadencia. La filosofía, Jackson y la mala memoria le habían jugado una mala pasada, y era evidente que todos ellos llevaban rápidamente las canas del Tío Abram hacia la tumba.

Tía Phebe había sido una excelente cosechadora en el campo, pero últimamente trabajaba en la cocina, donde permanecía siempre, salvo de vez en cuando en algún momento de apuro poco frecuente. Era una criatura astuta y vieja, y cuando no estaba en presencia de su ama o de su amo, era muy locuaz.

Wiley, por el contrario, era callado. Hacía su tarea sin murmurar ni una queja, rara vez se dejaba caer en el lujo de las palabras, excepto para expresar el deseo de alejarse de Epps y de regresar a Carolina del Sur.

Bob y Henry habían llegado a la edad de veinte y veintitrés años, y no destacaban por nada extraordinario o inusual, mientras que Edward, un muchacho de trece años, todavía no era capaz de mantenerse en su hilera en el maizal o en el algodonal, y se quedaba en la casa grande acompañando a las pequeñas Epps.

Patsey era delgada y altiva. Se erguía tanto como puede hacerlo una figura humana. Había un aire de orgullo en sus movimientos que ni el trabajo ni el cansancio ni el castigo podían destruir. En verdad, Patsey era un espléndido animal, y si no hubiera sido porque la esclavitud había envuelto su intelecto en la más absoluta y eterna oscuridad, habría sido la primera entre diez mil de su pueblo. Podía saltar las vallas más altas y ningún perro de la jauría era capaz de alcanzarla a la carrera. Ningún caballo podía derribarla. Era una fuerza de la naturaleza. Era capaz de arar un surco como el mejor, y en la siembra no había nadie que la aventajase. Por la noche, cuando daban la orden de parar, ella guardaba sus mulas, les quitaba los arneses y las alimentaba antes de que Tío Abram hubiera encontrado su sombrero. No obstante, no fueron todas esas habilidades las que la hicieron famosa. Era el movimiento del rayo que poseía en los dedos, que ningún otro dedo poseía, lo que la convertía en la mejor durante la cosecha del algodón. Patsey era la reina del campo.

Tenía un temperamento afable y dulce, y era fiel y obediente. Por su naturaleza, era una criatura alegre, dada a la risa, una chica divertida que se regocijba en el mero sentido de la existencia. Sin embargo Patsey lloraba con más frecuencia y sufría más que cualquiera de sus compañeros. Estaba literalmente despellejada. Su espalda llevaba las cicatrices de mil latigazos, y no porque se retrasara en su trabajo, ni porque fuera un espíritu alocado o rebelde, sino porque le había caído en suerte ser esclava de un amo rijoso y un ama celosa. Ella se encogía ante la mirada lujuriosa del uno, y estaba en peligro incluso de perder la vida a manos de la otra, y entre los dos, ella era la víctima inocente. En la casa grande hubo entre ellos palabras gruesas y rabia, rechazos y alejamientos, de los que ella era la causa inocente. Nada deleitaba tanto al ama como verla sufrir, y más de una vez, cuando Epps se negaba a venderla, ella me tentaba en secreto con sobornos para que la matara y enterrara su cuerpo en algún lugar solitario a orillas del pantano. Con mucho gusto Patsey habría apaciguado a aquel espíritu que no la perdonaba, si hubiera estado en su poder, pero como Joseph, que se atrevía a escapar de Epps llevando su ropa en la mano. Patsey andaba bajo un volcán. Si pronunciaba una palabra en contra de la voluntad de su amo, éste recurría al látigo para mantenerla sujeta, y si ella no andaba con cuidado cuando estaba cerca de su cabaña o cuando andaba por el patio, un tronco de madera o quizás una botella rota lanzados por su señora podían herirla inesperadamente en la cara. Patsey, la víctima esclavizada de la lujuria y el odio, no tenía consuelo en su vida.

Éstos fueron mis compañeras y compañeros durante mis años de esclavitud, con los que solía ser conducido al campo, y con los que me vi obligado a morar durante diez años en las cabañas de la plantación de Edwin Epps. Ellos, si siguen vivos, todavía se afanan en los campos del Bayou Boeuf, destinados a no respirar jamás, como lo hago yo ahora, el bendito aire de la libertad, ni a liberarse de los pesados grilletes que los mantienen cautivos hasta que se descansen para siempre en el polvo.

14

En el primer año de residencia de Epps en los pantanos, 1845, las orugas acabaron casi totalmente con la cosecha de algodón en toda la región. Había poco que hacer, de manera que los esclavos estaban obligatoriamente inactivos la mitad del tiempo. Pero llegó el rumor de Bayou Boeuf de que en las plantaciones de azúcar de la parroquia de St. Mary los salarios eran altos y había gran demanda de obreros. Esta parroquia está situada en la costa del golfo de México, a unas ciento cincuenta millas de Avoyelles. El río Teche, una corriente considerable, atraviesa St. Mary hasta llegar al golfo.

Cuando los plantadores se enteraron de estas noticias decidieron enviar una recua de esclavos a Tuckapaw, en St. Mary, para emplearlos en los campos de caña. En consecuencia, en el mes de septiembre recogieron a ciento cuarenta y siete esclavos en Holmesville, entre ellos Abram, Bob y yo. De éstos, cerca de la mitad eran mujeres. Epps, Alonson Pierce, Henry Toler y Addison Roberts fueron los hombres blancos seleccionados para acompañarnos y hacerse cargo de la manada. Tenían un carruaje de dos tiros y dos caballos de silla para su uso. Un gran carro, tirado por cuatro caballos y conducido por John, un niño propiedad del señor Roberts, llevaba las mantas y las provisiones.

Sobre las dos de la tarde, después de comer, se iniciaron los preparativos para la partida. Me asignaron la tarea de hacerme cargo de las mantas y las provisiones, y de procurar que ninguno se perdiera por el camino. El carro precedía a la comitiva, y el carromato siguiente, que nos seguía, iban los esclavos, mientras que los dos jinetes cerraban la marcha, y en este orden la procesión se encaminó hacia las afueras de Holmesville.

Esa noche llegamos a una plantación del señor McCrow, que estaba a una distancia de diez o quince millas. Allí nos ordenaron parar. Se encendieron grandes fogatas y cada uno extendió su manta en el suelo y se tapó con ella. Los hombres blancos se alojaron en la casa grande. Una hora antes del amanecer los capataces se acercaron a nosotros y nos obligaron a levantarnos a latigazos. A continuación enrollaron las mantas, me las entregaron y las amontonamos en el carro. La procesión reinició la marcha.

La noche siguiente llovió intensamente. Todos estábamos empapados y nuestra ropa saturada de lodo y agua. Llegamos a un cobertizo abierto, los restos de una desmontadora, y encontramos refugio debajo de la maquinaria. No había bastante espacio para cubrirnos a todos, pero allí permanecimos acurrucados toda la noche, y por supuesto continuamos nuestra marcha por la mañana. Durante el viaje, comimos dos veces al día asando nuestro tocino y horneando nuestro maíz en los fuegos como lo hacíamos en nuestras cabañas. Pasamos por Lafayetteville, Mountsville, New

Town y Centreville, donde contrataron a Bob y al Tío Abram. Nuestro número decrecía a medida que avanzábamos porque casi todas las plantaciones de azúcar requerían los servicios de uno o más de nosotros.

En nuestra ruta pasamos por las praderas de Grand Coteau, un vasto espacio llano, un territorio monótono, sin un árbol, salvo alguno que se veía de vez en cuando, trasplantado en los alrededores de alguna viviendas miserables. Fue en tiempos una zona densamente poblada y cultivada, pero había sido abandonada por alguna razón. El negocio de los dispersos habitantes que ahora moran en ella es principalmente el ganado. A nuetsro paso veíamos pacer enormes rebaños. En el centro del Grand Coteau uno se siente como si estuviera en el mar, fuera de la vista de la tierra. Por lo que pude ver, en cualquier dirección no había más que una ruinas y abandono.

Me contrataron para trabajar para el juez Turner, un hombre distinguido y gran propietario de una enorme finca situada en Bayou Salle, a pocos kilómetros del golfo. Bayou Salle es un pequeño arroyo que desemboca en la bahía de Atchafalaya. Durante unos días estuve empleado para Turner en la reparación de su cabaña azucarera, luego me dieron un machete de cortar caña y me enviaron con otros treinta o cuarenta al campo. No me resultó tan difícil aprender el arte de cortar la caña como el de recoger el algodón. Se me daba bien de forma natural e intuitiva, y en poco tiempo tuve el honor de convertirme en el cuchillo más rápido. Pero antes de que acabara la cosecha, el juez Tanner me trasladó desde el campo hasta la cabaña azucarera, para que dirigiera allí las operaciones. Desde el primer momento de la fabricación del azúcar, con la molienda y la ebullición, no se paraba ni de día ni de noche. Me entregaron un látigo con instrucciones de utilizarlo sobre cualquiera que fuera sorprendido inactivo o en reposo. Si dudaba en obedecer la orden, había otra para mi propia espalda. Además de esto, mi obligación era llamar a las diferentes cuadrillas para que entraran o salieran. Yo no tenía períodos de descanso regulares, y nunca pude arrebatar más que unos pocos momentos de sueño seguidos.

Es costumbre en Luisiana, como supongo que lo es en otros estados esclavistas, permitir que el esclavo se quede con lo que pudiera obtener trabajando los domingos. Era la única manera de que pudieran proveerse de algunos lujos o comodidades. Cuando un esclavo adquirido, o secuestrados en el norte, era transportado a una cabaña en Bayou Boeuf que no contaba con cuchillos, tenedores, platos, cafetera, ni ninguna otra cosa similar a una vajilla o mobiliario del tipo que fuera. Allí sólo había una manta desde antes de llegara yo allí, y en la que me envolvía, tanto si permanecía de pie como si me acostaba en el suelo, o sobre una tabla, si el amo no tiene ningún otro uso para ella. Era libre de encontrar una calabaza en la que guardar su comida o donde comer su maíz, lo que le prefiera. Si le pedía al amo un cuchillo, una sartén o cualquier pequeña comodidad de ese tipo, él le respondía con una patada o se reía como si fuera una broma. Cualquiera artículo de esta naturaleza, por muy necesario que fuera, estaba en la cabaña gracias al dinero obtenido del trabajo dominical. Aunque sea moralemente reprobable, sin duda es una bendición para las condiciones de vida del esclavo, que se le permita romper el Sabbath. De lo contrario, no habría habido manera de proveerse de esos utensilios que resultan indispensables a todo aquel que está obligado a ser su propio cocinero.

En aquellos tiempos, en las plantaciones de caña de azúcar no había ninguna distinción en cuanto a los días de la semana. Era bien sabido que todas las manos debían trabajar el sábado, y estaba igual de claro que todos aquellos que tenían contratos provisionales, como el que yo tenía entonces con el juez Turner, y los que tuve en los años sucesivos, debían recibir una remuneración por ello. Es habitual, también, que en las épocas de más urgencia en la recogida del algodón, se exigiera la misma paga extra. De esta manera, casi todos los esclavos tenían la oportunidad de ganar lo suficiente para comprar un cuchillo, un cazo, tabaco, etcétera. Las mujeres, una vez satisfechas las necesidades básicas, solían gastar sus escasos ingresos en la compra de cintas de colores llamativos para adornar su cabello en los alegres días de fiesta.

Me quedé en St. Mary hasta el primero de enero, y para entonces mis ahorros del domingo ascendían a diez dólares. También reuní una fortuna considerable, ganada gracias a mi violín, que fue compañero constante y consuelo de mi dolor durante los años de esclavitud. Hubo una gran fiesta de los blancos en la que se reunieron en casa del señor de Yarney, en Centreville, una aldea en las cercanías de las plantaciones de Turner. Me contrataron para que tocara para ellos, y tanto les gustaron los alegres bailables de mi actuación, que la paga fue muy generosa y ascendió a diecisiete dólares.

Con esta suma en el bolsillo miraba a mis compañeros como un millonario. Me producía un gran placer contemplarla y contarla una y otra vez, día tras día. En mi fantasía, veía flotar los muebles de la cabaña, los baldes de agua, las navajas de bolsillo, los zapatos, abrigos y sombreros nuevos, y con la contemplación jubilosa de todo aquello, me sentía como el «negrata» rico de Bayou Boeuf.

Por el Rio Teche navegaban los barcos hasta Centreville. Una vez allí, me atreví a presentarme un día ante el capitán de un barco de vapor y pedir permiso para esconderme entre la carga. Estaba decidido a arriesgarme al peligro de ese paso, porque oí una conversación en la que quedó claro que había nacido en el Norte. No le relaté los detalles de mi historia. Sólo le expresé mi ardiente deseo de escapar de la esclavitud y llegar a un Estado libre. Él se compadeció de mí, pero me dijo que sería imposible sortear a los oficiales de la casa de contrataciones en Nueva Orleans, y que si lo descubrían lo someterían a un castigo y le confiscarían el barco. Mis súplicas fervientes evidentemente le emocionaron y sin duda me lo habría concedido si hubiera podido hacerlo con alguna seguridad. Me vi obligado a sofocar la llama fugaz que iluminó mi pecho con la dulce esperanza de la liberación, y volver mis pasos una vez más hacia la creciente oscuridad de la desesperación.

Inmediatamente después de este suceso, la cuadrilla reunida en Centreville y varios de los propietarios, después de acercarse a recoger las cantidades adeudadas por nuestros servicios, nos llevaron de vuelta a Bayou Boeuf. Durante el camino de regreso, al pasar un pueblecito, vi a Tibeats sentado a la puerta de una sucia tienda de comestibles, buscando un poco de cobijo y consuelo. Estoy seguro de que sólo eran sexo y un poco de whisky lo que buscaba en el tenducho.

Me enteré por la Tía Phebe y la propia Patsey de que durante nuestra ausencia los problemas habían ido a mayores. La pobre chica estaba realmente en un estado lastimoso. «El viejo cerdo», nombre con el que los esclavos denominábamos a Epps cuando estábamos solos, la había golpeado con mayor brutalidad y frecuencia que nunca. Incluso cuando volvía de Holmesville excitado por el alcohol –lo que sucedió a menudo aquellos días–, la azotaba, simplemente para compalcer al ama; y la castigaba al límite de su resistencia por un delito del que él mismo era la causa única e inevitable. En sus momentos de sobriedad no siempre podía controlar la insaciable sed de venganza de su mujer.

Librarse de Patsey y situarla más allá de su vista o de su alcance mediante la venta, la muerte o de cualquier otra forma, parecía ser la idea dominante y la obsesión de mi ama en los últimos años. Patsey había sido una de las favoritas cuando era niña, incluso en la casa grande. La mimaban y la admiraban por su vivacidad poco común y su amable disposición. Había comido allí muchas veces, por lo que el Tío Abram contó, e incluso le daban galletas y leche cuando la señora, en sus días de juventud, solía llamarla a la casa y la acariciaba como lo haría con un gatito juguetón. Pero un triste cambio se había adueñado del espíritu de la mujer. Ahora, sólo un negro y airado demonio ejercía su ministerio en el templo de su corazón, y ya sólo podía mirar a Patsey con su veneno concentrado.

Pero la señora Epps no era por naturaleza una mujer tan malvada. Estaba poseída por el demonio de los celos, es cierto, pero aparte de eso, no había nada destacable en su persona. Su padre, el señor Roberts, residía en Cheneyville, era un hombre influyente y honorable, y tan respetado en toda la parroquia como el mejor ciudadano. Había recibido una buena educación en alguna institución de este lado del Mississippi, era hermosa, cultivada, y por lo general tenía buen humor. Era amable con todos nosotros, menos con Patsey, y con frecuencia, en ausencia de su marido, nos mandaba algunos restos de su propia mesa. En otra situación, en una sociedad diferente a la que existe en las costas del Bayou Boeuf, habría sido considerada una mujer elegante y atractiva. Pero un mal designio la había lanzado en brazos de Epps.

Respetaba y amaba a su esposa tanto como una naturaleza brutal como la suya era capaz de amar, pero el egoísmo supremo siempre se superponía al afecto conyugal.

«La amaba tanto cuanto su naturaleza se lo permitía, pero un corazón y un alma malignos habitaban en aquel hombre.»

Estaba dispuesto a satisfacer cualquiera de sus deseos, de concederle cualquier petición que ella le hiciera con tal de que no le costara demasiado. Patsey era como dos de sus esclavos en el algodonal. No podía reemplazarla con el dinero que le dieran por venderla. La idea de disponer de ella, por lo tanto, no podía discutirse. Pero su mujer no consideraba en absoluto esa cuestión. Su orgullo de mujer soberbia estaba alterado, la fogosa sangre del fuego hervía al ver Patsey, y sólo quedaría satisfecha si aplastaba la vida de la esclava indefensa.

A veces la corriente de su ira se volvía hacia quien era la justa causa de su odio. Pero la tormenta de reproches siempre pasaba al fin y regresaba una nueva temporada de calma. En esos momentos Patsey temblaba de miedo y lloraba como si su corazón se rompiera porque sabía por dolorosa experiencia que, para calmar la rabia del ama, Epps recurriría finalmente a la promesa de azotar a Patsey, y esa promesa sí estaba seguro de mantenerla. Así se apaciguaba en la casa de mi amo la guerra de pasión, celos y orgullo: mediante la fuerza bruta. Y era así cómo todas aquellas tempestades domésticas recaían sobre la cabeza de Patsey, una ingenua esclava, en cuyo corazón Dios había plantado la semilla de la virtud.

Durante el verano siguiente a mi regreso de la parroquia de St. Mary, concebí un plan para procurarme comida, que, aunque simple, tuvo el éxito esperado. Muchos otros lo han seguido en mi condición en todos los puntos del pantano, y por semejante beneficio estoy casi convencido de que debo considerarme un benefactor. Aquel verano los gusanos se metieron en el tocino. Sólo un hambre voraz nos podía inducir a tragarlo. La asignación semanal de comida apenas era suficiente para satisfacernos. Todos, en aquella región donde la ración se agotaba antes de la noche del sábado o se encontraba en tal estado que la hacía nauseabunda y repugnante, solíamos cazar en los pantanos mapaches y zarigüeyas. Sin embargo, esto debe hacerse en la noche, después de acabar el trabajo del día. Hay hacendados cuyos esclavos no prueban otra carne que la que se obtiene de esta manera. No ponen objeciones a la caza porque se reduce el consumo de carne ahumada de la casa y porque los mapaches son merodeadores y al matarlos se protegen los sembrados. Hay que cazarlos con perros y palos porque los esclavos no pueden usar armas de fuego.

La carne del mapache es aceptable, pero la verdad es que no hay nada en ninguna carne tan deliciosa como la de una zarigüeya asada. Se trata de un animalito redondeado, más bien largo de cuerpo, de color blanquecino, con el morro parecido al de un cerdo y la cola como la de una rata. Excavan entre las raíces y en los huecos de los eucaliptus, y son torpes y lentos de movimientos. Son criaturas asustadizas y astutas. Al recibir el más mínimo toque de un palo, ruedan por el suelo y fingen estar muertos. Si el cazador lo abandona para ir a buscar otro, sin tener primero la precaución de partirle el cuello, es muy posible que a su regreso no lo encuentre. El animalito es listo, se la ha «jugado», como buena zarigüeya, y se ha salvado. Pero después de un largo y duro día de trabajo, el esclavo se siente demasiado cansado como para ir al pantano a buscarse su cena, y la mitad de las veces prefiere tirarse en el suelo de la cabaña sin comer. Al propietario le interesa que el esclavo no enferme de inanición, y también prefiere que no engorde demasiado por un exceso de alimentación. Desde el punto de vista del propietario, un esclavo es más útil cuando está más bien delgado y sin curvas, en las mismas condiciones del caballo de carreras cuando se le prepara para correr, y en esa condiciones se encuentran generalmente en las plantaciones de azúcar y algodón a lo largo de Red River.

Mi cabaña estaba situada a pocos metros de la orilla del pantano, y la necesidad fue de hecho la madre del invento, que desarrollé para obtener la cantidad necesaria de alimentos sin la molestia de tener que recurrir cada noche al bosque. Así fue cómo hice una trampa para peces. Tras concebir mentalmente la forma de hacerla, el domingo siguiente me dediqué a ponerla en práctica. Me es casi imposible transmitir al lector una idea completa y ajustada de su construcción, pero el siguiente esquema le servirá como descripción general:

Se hace un marco de entre uno y uno y medio metros cuadrados, según la profundidad del agua. Las juntas o listones se clavan en tres de los lados de este marco, aunque no tan de cerca como para impedir que el agua circule libremente a través de él. En el cuarto lado se encaja un portillo, de tal manera que se deslice fácilmente hacia arriba y abajo por las guías marcadas en los dos listones laterales. Este fondo móvil se coloca entonces de tal manera que pueda levantarse desde la parte superior del marco sin dificultad. En el centro de la parte inferior levadiza se abre un agujero y se introduce en éste un extremo de un mango o palo redondo y se sitúa lo bastante suelto como para que pueda girar. El mango sube desde el centro de la parte inferior levadiza a la parte superior del marco. Por arriba y por debajo del mango, en muchos puntos, se practican agujeros y en ellos se insertan palitos a todo lo largo del perímetro del marco, de manera que muchos de estos palitos atraviesen el mango en todas las direcciones, para que un pez de considerables dimensiones no puede atravesar el marco sin golpearse con uno de ellos. El marco se coloca entonces en el agua y se fija al fondo.

La trampa se prepara con el deslizamiento y la fijación del portillo, y se mantiene en esa posición con el otro palo, uno de cuyos extremos se apoya en una muesca en el lado interior, y el otro extremo en una muesca hecha en el mango. La trampa se ceba haciendo una bola de comida humedecida y algodón bien prensados y depositándola en la parte posterior del marco. Los peces que nadan a través del portillo levantado hacia el cebo, golpean necesariamente uno de los palitos y mueven la manivela, que desplaza la palanca de soporte del portillo. Éste cae y atrapa a los peces dentro del marco. Se coge la parte superior de la manivela, se levanta el fondo móvil hasta la superficie del agua y se atrapan los peces. Puede que hubiera en uso otras trampas parecidas antes de que yo construyera la mía, pero yo nunca había visto ninguna. Bayou Boeuf abunda en peces de gran tamaño y excelente calidad y a partir de entonces muy pocas veces faltaba alimento para mí o para mis compañeros. Así fue cómo se desarrolló un nuevo sistema, desconocido hasta entonces, para paliar el hambre de los niños afroamericanos que trabajaban a lo largo de las costas de aquella lenta, pero prolífica corriente.

Más o menos por la época de la que estoy escribiendo, ocurrió un suceso en nuestro vecindario que me causó una profunda impresión porque demuestra el estado de aquella sociedad y la manera en que a menudo se vengaban las ofensas. Justo enfrente de nuestros alojamientos, al otro lado del pantano, estaba la plantación del señor Marshall. Pertenecía a una de las familias más ricas y aristocráticas del país. Un caballero de los alrededores de Natchez había estado negociando con él la compra de la finca. Un día llegó corriendo a nuestra plantación un emisario que nos detalló la batalla sangrienta y terrible que había tenido lugar en Marshall. Había corrido la sangre, y si no hubieran separado inmediatamente a los combatientes, el resultado habría sido fatal.

En el interior de la casa de Marshall, vio una escena difícil de describir. En el suelo de una de las habitaciones yacía el cadáver monstruoso del hombre de Natchez, mientras Marshall, enfurecido y cubierto de heridas y sangre, no paraba de dar vueltas «exhalando amenazas y violencia». Había surgido una dificultad en el curso de sus negociaciones, se dijeron palabras gruesas, de ahí pasaron a las armas, lucharon a muerte y el asunto acabó en desgracia. Marshall nunca fue apresado. Se inició en Marksville un conato de investigación del que resultó absuelto, y regresó a su plantación más respetado que nunca por el hecho de que en su alma anidaba la sangre de uno de los suyos.

Epps tomó la prerrogativa de defenderlo públicamente y lo acompañó a Marksville. Siempre que se le presentaba ocasión lo justificaba en voz alta, pero sus intervenciones a favor de esta causa no disuadieron a un pariente directo de Marshall de jugarse también la vida. Se inició una reyerta entre ellos con una mesa de juego por medio, que terminó en un duelo a muerte. Se encontraron ante la casa a caballo, armados de sus pistolas y de sus cuchillos de caza. Marshall lo desafió a adelantarse para rematar definitivamente la pelea, si no quería que lo marcara como a un cobarde o le disparara como a un perro a la primera oportunidad. En mi opinión, si rechazó el reto de su enemigo no fue por cobardía ni por ningún escrúpulo de conciencia, sino por la influencia de su esposa. Sin embargo, poco después cristalizó la reconciliación y desde entonces se mantuvieron en los términos de la más estrecha intimidad.

Estos casos, que llevarían a las partes involucradas en ellos a un merecido castigo en los estados del Norte, son frecuentes en el pantano, y pasan sin que se conviertan en noticias, y casi sin comentarios. Todo hombre lleva su cuchillo de caza, y cuando dos se ofenden, sacan la navaja y se azuzan el uno al otro más como salvajes que como seres civilizados y de los tiempos ilustrados.

La existencia entre ellos de la esclavitud en su forma más cruel tendía a degradar los sentimientos humanos más delicados de su naturaleza. Como testigos diarios del sufrimiento, oían a menudo los gritos agonizantes de los negros torturados y los veían retorcerse sin sentir un ápice de misericordia. Ni siquiera pestañeaban al ver cómo los perros los mordían y los desgarraban, o cómo morían sin que nadie los atienda y eran abandonados sin enterrar. No debería extrañar por tanto que se hubieran convertido en brutales e impunes atacantes de la vida humana. Es cierto que había muchos hombres de buen corazón en una gran parroquia como Avoyelles. William Ford era uno de esos hombres que miraba con piedad los sufrimientos de un esclavo, al igual que hay, en todo el mundo, espíritus sensibles y comprensivos que no pueden mirar con indiferencia los sufrimientos de cualquier criatura a la que el Todopoderoso ha dotado de vida. La crueldad no es culpa del amo de los esclavos; es más bien un fallo del sistema en el que vive. Él no puede evitar la influencia de las costumbres y de las compañías que lo rodean. Adoctrinado desde la más tierna infancia, por todo lo que ha visto y oído, en que el azote es lo adecuado para la espalda del esclavo, no está en condiciones de cambiar de opinión cuando se hace hombre.

Puede haber amos humanos, como sin duda los hay inhumanos. Puede haber esclavos bien vestidos, bien alimentados y felices, aunque sin duda son mayoría los que van medio desnudos y medio muertos de hambre y miseria; pero, sin duda, la institución que tolera los males y la falta de humanidad de los que he sido testigo es un estamento cruel, injusto y bárbaro. Hay hombres que desde sus cómodos sillones pueden escribir ficciones que retraten esa existencia miserable como lo que es o como lo que no es, explayándose posiblemente con la mayor frivolidad en contar que en la vida del esclavo se puede alcanzar la felicidad mediante la ignorancia. Que los manden a trabajar como él en los campos, que duerman con él en las cabañas y se alimenten como él con cáscaras. Si los azotaran, los cazaran y los pisotearan, regresarían con otra historia que contar. Deberían explicar entonces que el corazón del esclavo les enseñó sus pensamientos secretos, pensamientos sencillos que no se atreve a expresar delante del hombre blanco. Si éste pudiera acompañarlo en su reposo durante las silenciosas vigilias nocturnas y conversar con él con total confianza, le hablaría de «la vida, la libertad y la búsqueda de la felicidad», y comprendería que noventa y nueve de cien son lo bastante inteligentes como para entender su situación y acariciar en su pecho el amor a la libertad con tanta pasión como su vida misma.

15

Por mi incompetencia como recolector de algodón, Epps acostumbraba a enviarme como subcontratado a las plantaciones de caña de azúcar durante la temporada de la recogida y la fabricación. Recibía por mis servicios un dólar al día y con ese dinero cubría mi puesto en su plantación de algodón. Cortar caña se me daba bien, y durante tres años consecutivos, mantuve el liderazgo en la cuadrilla de Hawkins, formada por cincuenta esclavos.

En un capítulo anterior expliqué el modo de cultivar algodón. Éste puede ser el punto adecuado para hablar de cómo se cultiva la caña de azúcar.

El terreno se prepara con el arado, el mismo proceso que para plantar la semilla de algodón, excepto por el hecho de que se ara más profundamente. Los surcos se hacen igual. Se siembra desde principios de enero hasta el mes de abril. Sólo hay que sembrar los campos de azúcar una vez cada tres años. Se pueden recoger tres cosechas antes de que la semilla o la planta se vuelvan estériles.

Se emplean tres cuadrillas en la operación. Una recorta la caña de azúcar por las cabezas y los brotes laterales de los tallos dejando sólo la parte que es aprovechable y sana. Cada nudo de la caña tiene un ojo, como el de la patata, que produce un retoño cuando lo entierran. Otra cuadrilla planta los esquejes de la caña en el surco. Los esquejes o alifes se dejan en sentido horizontal, uno delante del otro, teniendo en cuenta que los nudos de los que surgirán las cañas nuevas están a diez o doce centímetros de distancia. La tercera cuadrilla los sigue con las azadas y cubre de tierra los tallos, que quedan a una profundidad de unos ocho centímetros.

En cuatro semanas, a lo más tardar, los brotes empiezan a despuntar por encima de la tierra, y desde este momento crecen con gran rapidez. El sembrado de caña se ara tres veces, como el algodón, con la diferencia de que las raíces necesitan una mayor cantidad de tierra. El primero de agosto se suele acabar con el azadonado. A mediados de septiembre ya conviene desbrozar y unir las cañas en atados. En el mes de octubre está ya a punto para el molino de azúcar o para los ingenios, y empieza la corta general. La hoja del machete para la caña es de treinta y cinco centímetros de largo por ocho de ancho en la parte central y se estrecha hacia la punta y el mango. La hoja es fina, y para que cumpla con su cometido debe ser muy fuerte. El capataz de los cortacañas toma la iniciativa sobre los otros dos, que se sitúan a ambos lados del primero. El que abre camino corta en primer lugar, a golpe de machete, las ramas secundaria. A continuación corta la parte superior hasta donde se encuentra la parte verde de la caña con cuidado de dejar bien limpia la parte verde porque la melaza de la caña vieja resulta invendible. A continuación, se le cercena la caña hasta la raíz, y va dejando detrás a amedida que se avanza. Los cortañas a su derecha y a su izquierda hacen la misma operación. Por cada tres hombres hay un carro, y los esclavos más jóvenes amontonan en él las cañas para llevarlas luego al molino o al ingenio.

Si caía una helada en la plantación, la caña se recogía con anticipación. Se cortaban las cañas y se apilaban a lo largo de los surcos con agua, de manera que la cabeza de los tallos sobresaliera. Permanecían así de tres semanas a un mes sin pudrirse y a salvo de las heladas. Cuando llega su tiempo, se sacan, se limpian de dejan las cañas limpias y se llevan al ingenio.

En el mes de enero los esclavos entraban de nuevo en el campo para preparar otro tipo de cultivo. La tierra estaba entonces llena de agujeros y restos de la caña del año anterior. En un solo día el fuego que se erguía sobre ela tierra dejaba el suelo limpio y dispuesto para la azada. La tierra quedaba liberada de las raíces del viejo rastrojo, y en un breve espacio de tiempo otro cultivo brotaba de la semilla del año anterior. Y lo mismo sucedía el año siguiente, pero el tercer año la semilla había agotado su fuerza, y había que arar y sembrar el campo de nuevo. El segundo año la caña es más dulce y produce más que el primero, y el tercer año más que la segundo.

Durante las tres temporadas trabajé en las plantaciones de Hawkins, y empleé buena parte del tiempo en la caña de azúcar. Es célebre por ser el cosechador de la mejor variedad de azúcar blanco. Describo aquí cómo era su azúcar y el proceso de fabricación:

El ingenio era un inmenso edificio de ladrillo que se elevaba a orillas del pantano. La planta del edificio era de por lo menos treinta metros de longitud por catorce o quince metros de ancho. La caldera en la que se generaba el calor se encontraba fuera del edificio principal. La maquinaria y todo el engranaje estaba situado a unos cuatro metros y medio del suelo, dentro del cuerpo del edificio. La máquina ponía en marcha dos grandes tornillos de hierro de más de medio metro de diámetro y de dos a dos metros y medio de largo. Estaban montados sobre una base de ladrillo, y cada tornillo estaba enfrentado y encajaba en las muescas del otro. Una cinta sin fin de cuero montado sobre madera hacía de correa de transmisión, como en los molinos pequeños, y atravesaba la nave principal en toda su extensión pasando por los tornillos. Los carros con la carga de cañas recién cortada se descargan en los laterales de la nave. A lo largo de la cinta sin fin había iban niños esclavos cuya ocupación era colocar las cañas sobre él. Las cañas viajaban a través de la nave en el edificio principal, donde llegaban hasta los tornillos. Los tornillos las aplastaban, y otro esclavo transportaba los restos fuera del edificio principal, en la dirección opuesta, y los introducía por la parte superior de una chimenea con un fuego debajo donde se consumían. Era necesaria esa combustión inmediata, porque de lo contrario enseguida se podía llenar el edificio, y sobre todo porque no tarda en pudrirse y generaba enfermedades. El jugo de la caña cae por un conductor, atraviesa la placa donde se encuentran, y se almacena en un depósito. Desde allí, unos tubos llevaban el jarabe a cinco filtros que lo distribuían en varias barricas. Estos filtros estaban llenos de una sustancia negra semejante al polvo de carbón. Era de huesos calcinados en estrechos vasos, y se utilizaba para decolorar por filtración el jarabe de la caña antes de la ebullición. Pasaba sucesivamente a través de estos cinco filtros y, a continuación, se recogía en un gran depósito situado en el nivel inferior. Desde ahí se subía, por medio de una bomba de vapor, a un clarificador de hierro donde se calentaba hasta que hervía. Desde el primer clarificador pasaba por los tubos a un segundo y a un tercero, y desde allí llegaban a las ollas de hierro los tubos envueltos en vapor. En estado de ebullición, fluía a través de tres recipientes sucesivos, y a través de otros tubos hasta los refrigeradores en la planta baja. Los refrigeradores eran cajas de madera con cribas en el fondo del mejor alambre. En cuanto el jarabe pasaba por los refrigeradores, y se oreaba, los granos quedaban arriba y la melaza se escurría a través de los tamices. Lo que quedaba finalmente era azúcar blanco o pan de azúcar del mejor tipo, limpio y blanco como la nieve. Cuando se enfriaba, se extraía, se embalaba en barricas, y quedaba listo para la venta. La melaza se llevaba de nuevo a los engranajes de la parte superior y mediante un nuevo proceso se convertía en azúcar moreno.

Había grandes ingenios, muchos de ellos construidos de forma diferente a la descrita y quizá por tanto, más imperfectos, pero ninguno era más célebre que este ingenio en Bayou Boeuf. Lambert, de Nueva Orleans, era socio de Hawkins. Era un hombre extraordinariamente rico, que, según me han dicho, tiene participaciones en más de cuarenta plantaciones de caña de azúcar de Louisiana.

El único respiro en trabajo constante del esclavo a lo largo de todo el año era durante las vacaciones de Navidad. Epps nos concedía tres, cuatro, cinco o seis días, dependiendo del capricho de su generosidad. Era el único momento que se aguarda con interés o placer. Entonces el esclavo se alegraba cuando llegaba la noche, no sólo porque podía gozar de unas pocas horas descanso, sino porque había pasado un día más y se acercaba la Navidad. La esperan con igual deleite los jóvenes y los viejos. Incluso el Tío Abram dejaba de alabar a Andrew Jackson, y Patsey olvidaba de momento muchas de sus penas en medio de la general alegría de las vacaciones. Era tiempo de comilonas, de juergas y bailes, la época del carnaval para los niños esclavos. Son los únicos días en los que se permitía un pequeño atisbo de libertad, y ellos gozaban ampliamente de ella.

Era costumbre en las plantaciones dar una cena navideña invitando a los esclavos de las plantaciones vecinas. Un año, por ejemplo, se organizaba en la plantación de Epps, la siguiente en la Marshall, luego en la de Hawkins, y así sucesivamente. Por lo general se juntaban entre trescientas y quinientas personas, que acudían a pie, en carretas, a caballo, en mulas. A veces en cada caballo dos o tres personas: un niño y una niña, o una chica y dos chicos, o un niño, una niña y una anciana. No se veía a menudo en Bayou Bouef a Tío Abram a lomos de una mula con Tía Phebe y Patsey detrás de él al trote de camino hacia una cena navideña.

Además, «como no era un día de diario», iban ataviados con sus mejores atuendos. Habían lavado sus prendas de algodón, abrillantado con sebo de velas sus zapatos, y los afortunado que poseían un gorro o un sombrero podían ir con la cabeza cubierta. Pero hay que reconocer que se celebraba con la misma alegría aunque llegaran a la fiesta con la cabeza descubierta y los pies descalzos. En general, las mujeres iban con las cabezas cubiertas con pañuelos atados, pero si sólo tenían un brillante lazo rojo o habían adaptado la casta gorra capota de la abuela, era seguro que las utilizaban en tales ocasiones. El rojo sangre era decididamente el color preferido de las jóvenes esclavas que conocí. Si no rodeaban su cuellos con una cinta roja, seguro que llevaban su pelo lanudo trenzado con cadenetas rojas de alguna clase.

La mesa se montaba al aire libre y se llenaba con una amplia variedad de carne y montones de verduras. En esas ocasiones se prescindía del tocino y de la harina de maíz. A veces, la comida se preparaba en la cocina de la plantación, otras veces se asaba bajo la sombra de los enormes enramados de los árboles. En este último caso, se excavaba una zanja en el suelo y se quemaba leña hasta que se llenaba de carbones encendidos sobre los que se asaban pollos, patos, pavos, cerdos, y algunas veces hasta un buey salvaje. También usaban harina de trigo para hacer galletas, a menudo con mermelada de melocotón y otras conservas, y también tartas con rellenos variados, excepto de carne picada, porque era un tipo de pastel que aún les resultaba desconocido. Sólo el esclavo que ha vivido toda su vida con su escasa dieta de maíz y tocino podía apreciar aquellos banquetes. Un gran número de hombres blancos armados presenciaban estos deleites gastronómicos.

Ellos mismos se sentaban en una rústica mesa con los hombres a un lado y las mujeres al otro. Entre los dos no podía haber sido algún intercambio de amabilidades, pues invariablemente debían sentarse enfrente, aunque el omnipresente Cupido no desdeña lanzar sus flechas a los sencillos esclavos. Una terrenal y vibrante felicidad iluminaba en la oscuridad los rostros de todos ellos. El marfil de los dientes, que contrasta con su tez negra, formaba franjas blancas que recorrían toda la extensión de la mesa. Toda aquella abundancia junta llevaba una multitud de ojos al éxtasis. Había risas y carcajadas y estrépito de vajilla y cubertería. La posibilidad de hazañas como la de Cuffee los impulsaban a darle codazos al vecino, impulsados por un movimiento involuntario de felicidad. Sin razón alguna, Nelly agitaba su dedo hacia Sambo y se reía: el buen ambiente y la alegría eran contagiosos.

Cuando las viandas habían desaparecido y el hambre de los niños se había calmado, se pasaba a la segunda parte de la diversión: el baile de Navidad. Mi tarea en aquellos días de fiesta siempre era tocar el violín. La raza negra es proverbialmente amante de la música, y muchos de aquellos esclavos que eran mis compañeros estaban sorprendentemente bien dotados para tocar el banjo con destreza, pero aun a riesgo de parecer vanidoso, debo declarar que me consideraban el Ole Bull de Bayou Boeuf. Mi amo a menudo recibía cartas, a veces desde una distancia de diez kilómetros, en la que le pedían que me llevara a tocar a alguna celebración o fiesta de los blancos. Él recibía su comprensación, y por lo general también yo regresaba con muchos picayunes tintineando en mis bolsillos; contribuciones adicionales que me permitían una mejor administración. De esta manera, me convertí en una de las personas que mejor conocía el bayou de arriba abajo. Los jóvenes y las chicas de Holmesville siempre sabían que había alguna fiesta en algún lugar cuando veían a Platt Epps pasar por la ciudad con su violín en la mano. «¿A dónde vas, Platt?» o «¿De dónde vienes esta noche, Platt?», eran las preguntas que surgían de puertas y ventanas, muchas veces, cuando no tenía prisa, se enfrentaba a la presión de los impertinentes. Platt sacaba su violín, se sentaba a horcajadas en su mula y ofrecía un concierto a una multitud de niños reunida a su alrededor en la calle.

¡Ah!, si no hubiera sido por mi amado violín apenas puedo

concebir cómo habría podido soportar los largos años de esclavitud. Me llevaron a grandes casas, lo que me evitaba muchos días de trabajo en los campos y me procuraba los suministros tan necesarios en mi cabaña, como cacerolas, tabaco y calzado, y a menudo me llevaban a presencia de un amo y podía ver escenas de cariño y alegría. El violín fue mi compañero, el amigo que me seguía en los momentos de alegría de mi alma, y pronunciaba su suave y melodioso consuelo cuando me sentía triste. A menudo, a medianoche, en mi cabaña, cuando el sueño había huido de mí y mi alma se hallaba inquieta y agitada ante la contemplación de mi destino, me cantaba una melodía de paz. En las fiestas del sábado, cuando tenía una o dos horas de tiempo libre, me acompañaba a algún lugar tranquilo a orillas del bayou y elevaba su voz en una conversación amable y tranquila. Él llevó mi nombre por todas aquellas tierras y me dio amigos que sin él nunca me habrían conocido. Me consiguió un asiento de honor todas las fiestas a lo largo del año, y obtuvo para mí la mejor y más sincera bienvenida de todos en el baile de Navidad. ¡El baile de Navidad! Ah, puedo provocar el placer de los hijos e hijas de la indolencia, que se mueven con paso mesurado, como de caracol, cuando llega la lenta disolución de cotillón, y puedo acelerarlos para que entren en la poesía del movimiento, la auténtica felicidad, la más desenfrenada y salvaje, que sólo puede verse en Louisiana, cuando los esclavos bailan a la luz de las estrellas la noche de Navidad.

Sobre esta Navidad tan especial, tengo una descripción que podría servir como semblanza de esa fiesta en general. La señorita Lively y el señor Sam, la primera propiedad de Stewart y el último de Roberts, abrieron el baile. Era bien sabido que Sam sentía una ardiente pasión por Lively, y lo mismo les ocurría a los muchachos de Marshall y de Carey. Lively los animaba porque era una rompecorazones. Fue una victoria para Sam Roberts cuando al empezar a sonar la melodía ella le dio la mano para empezar el primer baile y rechazó a sus rivales. Se quedaron un tanto alicaídos, y, moviendo la cabeza con enojo, dieron a entender que les gustaría lanzarse sobre el señor Sam y dejarlo malparado. Pero ningún sentimiento de ira revolvió el tranquilo corazón de Samuel mientras sus piernas volaban en todas las direcciones junto a su arrebatadora compañera. Todos los asistentes los animaba a gritos, y, enardecidos por los aplausos, siguieron bailando desaforadamente incluso cuando todos los demás quedaron agotados y pararon un momento para recuperar aliento. Pero los esfuerzos sobrehumanos de Sam lo agotaron al fin y tuvo que dejar a Lively sola, todavía dando vueltas como un trompo. Entonces uno de los rivales de Sam, Pete Marshall, saltó al centro y, con todas sus fuerzas, saltó, arrastró los pies y se movió en todos los sentidos imaginables para demostrar a la señorita Lively y a todo el mundo que Sam Roberts no valía nada en comparación con él.

Sin embargo, el deseo de Pete fue mayor que su prudencia. Aquel ejercicio tan violento lo dejó sin aliento y se desplomó como un saco vacío. Luego fue el turno de Harry Carey de probar suerte, pero Lively también lo dejó enseguida sin aliento entre vítores y gritos. Su resistencia confirmaba su bien merecida reputación de ser «la chica más rápida» en el bayou.

Acaba el primer «set» para dar comienzo a otro. Él o ella queda tendido en el suelo cuan largo es y recibe un tumultuoso reconocimiento, y así el baile se reinicia hasta el amanecer. Y no cesa con el sonido del violín, sino que los asistentes mismos tocan una música peculiar. Se denomina «palmaditas», y es el acompañamiento de uno de esos cantos sin significado, compuesto más para adaptarse a un cierto tono o medida que con el propósito de expresar una idea. Las palmaditas se hacen golpeando primero las manos sobre las rodillas, luego las manos entre ellas, luego el hombro derecho con una mano y el izquierdo con la otra mientras se marca el ritmo con los pies, se canta, posiblemente, esta canción:

> Música del arroyo y rugido de la orilla,
> Allí, querida, viviremos para siempre;
> Luego iremos a la nación libre,
> Todo lo que deseo de esta Creación,
> Es una bonita esposa y una gran plantación.

> (coro)

> Encima de este roble y debajo de este río,
> Dos capataces y un negrito.

O, si estas palabras no se adaptaban a la melodía, podía servir esta *Old Hog Eye*, que es un sorprendente y solemne modelo de métrica, pero no puede apreciarse a menos que escuche en el Sur. Se adaptaba así:

> ¿Quién ha venido desde que me fui?
> Una niñita preciosa que de Jersey llegó aquí.
> ¡Ojo de Cerdo!
> Y el Viejo Ojo de Cerdo,
> ¡También desde Jersey hasta aquí!

Nunca vi algo así desde que nací,
Que una niñita preciosa llegara de Jersey hasta aquí.
¡Ojo de Cerdo!
Y el Viejo Ojo de Cerdo,
¡También desde Jersey hasta aquí!

Durante el tiempo que queda de las vacaciones de Navidad, se les proporcionaba pases, y se les permitía pasear libremente dentro de una distancia limitada, o podían permanecer trabajar en la plantación, en cuyo caso percibían un salario por ello. Sin embargo era muy rara que aceptaran esta última opción. En aquellos días se los podía ver corretear en todas direcciones, como mortales que buscan hallar la felicidad en la faz de la tierra. Se comportan como seres diferentes de lo que son en el campo. La relajación temporal y la breve liberación del miedo y de los azotes provocan toda una metamorfosis en su apariencia y en su comportamiento. El tiempo se reparte en hacer visitas, montar, renovar viejas amistades o, tal vez, revivir alguna vieja querencia o perseguir cualquier deseo pueda sugerir. Así es la vida del Sur en esos tres días del año, porque me pareció que los otros trescientos sesenta y dos son días de cansancio y de miedo, de sufrimiento, y de trabajo incesante.

Con frecuencia durante las vacaciones se contraía matrimonio, si es que puede decirse que una institución así existía entre los esclavos. La única ceremonia requerida antes de entrar en esa sagrada institución era la de obtener el consentimiento de los respectivos propietarios. Por lo general se veía alentado por los amos de las esclavas. Cualquiera de las partes podía tener tantos esposos o esposas como el propietario lo permitía, y tampoco estaba en libertad de descartar un matrimonio voluntariamente. Las leyes de divorcio, las de bigamia y otras parecidas no eran aplicables a la propiedad, por supuesto. Si la mujer no tenía potestad de vivir en la misma plantación que el marido, a éste se le permitía visitar a su mujer los sábados por la noche si la distancia no era excesiva. La esposa del tío Abram vivía a siete millas de Epps, en Bayou Huff Power. Tenía permiso para visitarla cada quince días, pero como se ha dicho estaba envejeciendo y lo cierto es que últimamente la tenía un poco olvidada. A Tío Abram no le sobraba el tiempo después de sus meditaciones sobre el general Jackson como para dedicarse a sus obligaciones conyugales, que consideraba apropiadas para los jóvenes superficiales, pero impropias de un grave y solemne filósofo como él.

16

Con excepción de mi viaje a la parroquia de St. Mary, y de mi ausencia durante las temporadas de la caña, trabajé constantemente en la plantación de Epps. No se le consideraba más que un pequeño plantador porque no tenía bastantes esclavos para requerir los servicios de un capataz, que sólo es necesario cuando el volumen lo justifica. Como no era capaz de aumentar ese volumen, solía contratar uno con urgencia durante la cosecha del algodón.

En las grandes fincas, que empleaban a cincuenta, a cien, o tal vez a doscientos esclavos, el capataz se consideraba indispensable. Estos caballeros montaban en el campo a caballo, sin excepción, y que yo sepa iban armados con pistolas, cuchillo de caza, látigo y una jauría de perros. Equipados de esta manera, vigilaban desde atrás a los esclavos y no perdían de vista a ninguno de ellos. Las calificaciones requeridas para ser capataz eran la crueldad absoluta, la brutalidad y el ensañamiento. Eran sus habilidades para producir grandes cosechas, y si eso se lograba, no importaba el costo que pudiera acarrear en sufrimiento humano. La presencia de los perros era necesaria para apresar a un fugitivo mordiéndolo en los talones, como sucedía a veces, cuando débil o enfermo, era incapaz de mantener su puesto en la hilera o corría aterrado del látigo. Las pistolas estaban reservadas para cualquier emergencia peligrosa, porque había ocasiones en que estas armas eran necesarias. Impelido a un furor incontrolable, el esclavo a veces incluso se volvía contra su opresor. La horca se encontraba en Marksville el pasado mes de enero, y allí hubo una ejecución hace un año por matar a su capataz. Aquello ocurrió a pocas millas de la plantación de Epps en Red River. El esclavo acabó su trabajo el cercas de madera. En el transcurso del día el capataz le envió a hacer un recado. Le ocupó tanto tiempo que no pudo rematar la tarea. Al día siguiente lo llamaron para el castigo. La pérdida de tiempo ocasionada por la misión no era una excusa, y se le ordenó arrodillarse y descubrir su espalda para recibir los azotes. Estaban solos en el bosque, fuera del alcance de la vista o el oído de nadie. El muchacho se sometió hasta que enloqueció de tal manera por la injusticia que, loco de dolor, se levantó de un salto, tomó un hacha y literalmente cortó al capataz en pedazos. No hizo ningún intento por ocultarse. Por el contrario, se apresuró a acudir a su amo, le relató lo sucedido y se declaró dispuesto a expiar su mal con el sacrificio de su vida. Fue conducido al patíbulo, y mientras la cuerda rodeaba su cuello, mantuvo su dignidad sin desmayo y sin miedo, y en sus últimas palabras justificó su acción.

Además del capataz, había supervisores por debajo de él, en una cantidad proporcional al número de manos en el campo. Los supervisores eran de color, y además de cumplir con su parte de trabajo, se veían obligados a dar su cupo de azotes a su alrededor. Los látigos colgaban alrededor del cuello, y si no podían emplearlos a fondo, ellos mismos probaban los látigos. Sin embargo, tenían algunos privilegios, como, por ejemplo, que se les permitía parar de cortar caña el tiempo suficiente para sentarse a comer. Al mediodía llegaban procedentes de la cocina carros llenos de tortas de maíz. Las tortas se distribuían entre los esclavos que debían comerlas con la menor demora posible.

Cuando el esclavo dejaba de transpirar, lo que sucedía cuando el trabajo superaba sus fuerzas, caía al suelo y quedaba totalmente exhausto. El deber del supervisor era arrastrarlo a la sombra de las matas de algodón o de las cañas, o de algún árbol vecino, donde le echaban baldes de agua y utilizaban otros medios para que recuperara la transpiración, y cuando esto sucedía, se le ordenaba regresar a su puesto y se le obligaba a continuar con su trabajo.

Cuando llegué a la plantación de Epps, Huff Power, Tom, uno de los negros de Roberts, era supervisor: un tipo corpulento y duro en extremo. Cuando se retiró de la plantación de Epps en Bayou Boeuf, recayó en mí ese distinguido honor. Hasta el momento de mi partida tuve que llevar un látigo alrededor del cuello en el campo. Cuando Epps estaba presente, no me atrevía a mostrarme indulgente porque no tenía tanta fortaleza cristiana como el archiconocido Tío Tom. No tenía la entereza suficiente como para enfrentarme a su ira y negarme a obedecer sus órdenes. Con esta conducta sólo escapaba al martirio inmediato, y, con todo, salvé a muchos compañeros de su sufrimiento, como finalmente pudo comprobarse. Pronto pude comprobar que tanto si Epps estaba o no en el campo, veía casi todo lo que estábamos haciendo. Desde la explanada, por detrás de algún árbol cercano, o desde cualquier otro punto de observación discreta, estaba perfectamente al tanto de todo. Si uno de nosotros se había retrasado o había renqueado durante el día, estábamos seguros de que nos lo reprocharía todo al regresar a las cabañas, y como para él era una cuestión de principios castigar todo delito de este tipo del que tuviera noticia, no sólo el delincuente podía estar seguro de recibir un castigo por su retraso, sino también yo por haberlo permitido.

Si, por el contrario, me había visto usar el látigo a menudo, el hombre se mostraba satisfecho. Es bien cierto que la práctica hace la excelencia, y durante mis ocho años de experiencia como jinete aprendí a manejar el látigo con maravillosa destreza y precisión. Disparaba mi látigo hacia un pelo de la espalda, de la oreja, de la nariz, sin tocar la piel. Si Epps me observaba a distancia, o estaba oculto en algún punto de los alrededores, yo disparaba mi látigo vigorosamente, y cuando ellos notaban el roce, empezaban a retorcerse y a chillar como en agonía, aunque no hubiera tocado a ninguno de ellos. Patsey aprovechaba la ocasión, cuando él hacía su aparición, para murmurarle al oído algunas quejas a Platt de que los azotaba todo el tiempo, y el tío Abram, con su apariencia de honestidad tan propia de él, declaraba rotundamente que sólo los había azotado más fuerte el general Jackson al golpear al enemigo en Nueva Orleans. Si Epps no estaba borracho y en uno de sus estados de ánimo bestiales, esto solía satisfacerlo. Si lo estaba, algunos de nosotros teníamos que padecerlo como una cuestión de rutina. A veces la violencia suponía una práctica peligrosa que ponía en peligro las vidas a través de prácticas desaforadas. En una ocasión, el brutal borracho pensó divertirse cortando gargantas.

Una vez viajó a Holmesville para asistir a un concurso de tiro y ninguno de nosotros se enteró de su regreso. Mientras trabajaba con la azada cerca de Patsey, ella exclamó en voz baja de repente:

–¿Veis al viejo cerdo de Platt que me hace señas para que me acerque a él?

Eché un vistazo hacia ambos lados y lo descubrí en la linde del campo haciendo señas y muecas, como era su costumbre cuando estaba en pleno estado de embriaguez. Consciente de sus intenciones lascivas, Patsey empezó a llorar. Le susurré que no mirara hacia arriba y continuara con su trabajo, como si no lo hubiera visto. Sin embargo, sospechando lo que pasaba, se tambaleó hacia mí presa de la rabia.

–¿Qué le has dicho a Pats? –preguntó, con un juramento.

Le di alguna respuesta evasiva que sólo tuvo el efecto de aumentar su violencia.

–¿Desde cuánto mandas en esta plantación, negrata? –me preguntó con una malvada sonrisa burlona, mientras me agarraba por el cuello de la camisa con una mano y se metía la otra en el bolsillo–. Voy a rajarte tu garganta negra, eso es lo que voy a hacer.

Mientras lo decía sacó su navaja del bolsillo. Pero con una mano que no podía abrirla, hasta que finalmente la sujetó entre los dientes. Vi que estaba a punto de tener éxito, y sentí la urgencia de salir corriendo, porque en su estado incontrolable era evidente que no estaba bromeando. Mi camisa estaba abierta por delante, y al darme rápidamente la vuelta rápidamente y saltar para escapar de él mientras él todavía me tenía agarrado, me dejó la espalda desnuda. No tuve dificultad para eludirlo. Me persiguió hasta quedar sin aliento, luego se detuvo hasta que se recuperó, soltó un juramento y reinició la caza. Él me ordenaba que yo me acercara a él e intentaba convencerme, pero yo tuve cuidado de mantenerme a una prudente distancia. De esta manera, dimos varias vueltas al campo, él haciendo quiebros desesperados, y yo esquivándolos siempre, más divertido que asustado, porque sabía muy bien que cuando estuviera en su sano juicio, se reiría de su locura de beodo. Por fin pude observar al ama de pie junto a la valla patio, observando nuestras maniobras entre serias y cómicas. Salté por delante de él y me encontré cara a cara con ella. Epps, al descubrirla, se quedó quieto. Permaneció en el campo más de una hora y durante todo ese tiempo me quedé con el ama y le expliqué los detalles de lo que había ocurrido. Ella esa vez se indignó casi tanto con su marido como con Patsey. Por fin, Epps se acercó a la casa ya casi totalmente sobrio avanzando con timidez con las manos detrás de su espalda, y tratando de parecer tan inocente como un niño.

Sin embargo, mientras se acercaba, la señora Epps empezó a reprenderlo sin pelos en la lengua. Descargó sobre él muchos epítetos bastante fuertes y le exigió que le explicara por qué razón había intentado cortarme el cuello. Epps simuló quedar extrañado por todo aquello, y para mi sorpresa juró por todo el santoral que no me había dirigido la palabra ese día.

–Platt, eres un negrata mentiroso, ¿verdad? –fue su cínica apelación.

No es seguro llevarle la contraria al amo, ni siquiera por afirmar una verdad. Así que me quedé callado y cuando entró en la casa volví al campo. Nunca se volvió a aludir a este asunto.

Poco después de aquello se produjo una circunstancia que vino a divulgar el secreto de mi nombre real y mi historia, que durante tanto tiempo mantuve cuidadosamente oculta, y de la que estaba convencido que dependía mi liberación final. Poco después de comprarme, Epps me preguntó si sabía leer y escribir, y cuando le informé de que había recibido alguna instrucción en aquellas ramas de la educación, me aseguró sin rodeos que si alguna vez me sorprendía con un libro o con pluma y tinta, me daría un centenar de azotes. Me dijo que quería que entendiera que había comprado «negros» para trabajar y no para se cultivaran. Nunca me preguntó ni una palabra de mi vida pasada o de donde venía. La señora, en cambio, me interrogaba con frecuencia acerca de Washington, porque suponía que era mi ciudad natal, y más de una vez me comentó que no hablaba ni actuaba como los demás «negros», y que estaba segura de que había visto más mundo del que admitía.

Mi gran objetivo fue siempre el de hallar algún medio para enviar una carta en secreto desde la oficina de correos a algunos de mis amigos o familiares en el Norte. La dificultad de lograr tal cosa no se puede comprender si uno no está familiarizado con las severas restricciones que me imponían. En primer lugar, me vi privado de pluma, tinta y papel. En segundo lugar, un esclavo no puede salir de su plantación sin un pase, y un cartero no podía enviar correo de un esclavo sin el permiso por escrito de su propietario. Yo llevaba ya en la esclavitud nueve años, siempre vigilante y alerta, cuando tuve la suerte de conseguir una hoja de papel. Un invierno, mientras Epps estaba en Nueva Orleans comerciando con su algodón, la señora me mandó a Holmesville con un pedido de varios artículos, y entre otros un manojo de cuartillas. Me apropié de una hoja de papel y la oculté en la cabaña debajo del tablón sobre el que dormía.

Después de varios experimentos, logré hacer tinta hirviendo corteza blanca de arce, y con una pluma arrancada del ala de un pato, me hice una pluma. Cuando todos dormían en la cabaña, a la luz de las brasas, acurrucado sobre mi tablón, me las arreglé para terminar una breve epístola. La dirigí a un viejo conocido en Sandy Hill, le expliqué mi situación, y le pedí que tomara medidas para que pudiera recuperar la libertad. Pasé mucho tiempo meditando cómo podía depositar con seguridad la carta en la oficina de correos. Por fin, un tipo canijo llamado Armsby, hasta entonces desconocido, llegó al vecindario en busca de trabajo de capataz. Lo intentó con Epps, y se quedó varios días en la plantación. Luego fue a casa de Shaw, por allí cerca, y permaneció con él varias semanas. Shaw estaba rodeado generalmente por personajes indeseables, y él mismo estaba considerado como un jugador y un hombre sin principios. Vivía como casado con su esclava Charlotte, y tenía una camada de niños mulatos que fueron creciendo en su casa. Armsby llegó a caer tan bajo, que al final se vio obligado a trabajar con los esclavos. Un hombre blanco que trabajara en el campo era un espectáculo extraño e inusual en Bayou Boeuf. Aproveché cualquier oportunidad que se me presentó para cultivar su amistad de forma privada, con la intención de obtener su confianza hasta que pudiera confiarle la carta. Según me dijo, había estado a menudo en Marksville, un pueblo a unos treinta y dos kilómetros de distancia, y yo pensé que era allí donde debía proponerle que llevara la carta para enviarla por correo.

Deliberé cuidadosamente sobre la manera más adecuada de tratar ese asunto con él, y finalmente llegué a la conclusión de que debía preguntarle simplemente si podía depositar una carta por mí en la oficina de correos de Marksville la próxima vez que visitara aquel lugar, sin explicarle quién había escrito la carta o alguno de los datos que contenía, porque tenía miedo de que me entregara, y sabía que debía ofrecerle algún incentivo económico para que fuera seguro confiar en él. Una noche salí a escondidas sin hacer ruido de mi cabaña, atravesé el campo de Shaw, lo encontré durmiendo en la explanada. No tenía más que un par de picayunes, el producto de mis actuaciones musicales, pero le ofrecí todo lo que tenía en el mundo si me hacía el favor que le pedía. Le rogué que no me delatara si no podía acceder a la petición. Me aseguró por su honor que depositaría la carta en la oficina de correos de Marksville y que mantendría la inviolabilidad del secreto por toda la eternidad. Aunque la carta estaba en mi bolsillo en aquel momento, no me atreví a dársela, y le conté que la tendría escrita en uno o dos días, le di las buenas noches, y volví a mi cabaña. Me fue imposible controlar la inquietud y pasé toda la noche despierto, mientras le daba vueltas en mi cabeza al camino más seguro a seguir. Estaba dispuesto a arriesgar mucho para lograr mi propósito, pero si la carta de alguna manera caía en manos de Epps, sería un golpe mortal a mis aspiraciones. Estaba extremadamente indeciso.

Mis sospechas estaban bien fundadas, como quedó demostrado. Al día siguiente, mientras azadonaba el algodón en el campo, Epps se sentó en la valla divisoria entre la plantación de Shaw y la suya en una posición que le permitía vigilar nuestro trabajo. En aquel momento Armsby hizo su aparición, montó sobre la valla y se sentó junto a él. Se quedaron así dos o tres horas, y durante todo ese tiempo pasé una agonía de miedo.

Esa noche, mientras asaba mi tocino, Epps entró en la cabaña con su látigo en la mano.

–Bueno, chico –dijo él–, creo que tengo un negro instruido, que escribe cartas e intenta que sus compinches blancos se las envíen. ¿Se te ocurre quién podría ser?

Mis peores temores se hicieron realidad, y aunque no resultaba totalmente creíble, incluso en aquellas circunstancias, el recurso al engaño y a la mentira era el único refugio que se me presentaba.

–No sé nada de eso, amo Epps –le respondí, adoptando un aire de ignorancia y sorpresa–. No sé nada de eso, señor.

–¿No fuiste anoche a ver a Shaw? –preguntó.

–No, señor –fue la respuesta.

–¿Y no le pediste a ese tipo, Armsby, que enviara por correo una carta para ti en Marksville?

–¿Por qué, señor? Señor, yo nunca he cruzado tres palabras con él en toda mi vida. No sé lo que quiere decir.

–Bueno –continuó–, Armsby me ha dicho hoy que el diablo moraba entre mis negros, que tenía uno que necesita vigilancia o escaparía, y cuando le pregunté cómo lo sabía, me dijo fuiste a Shaw, que lo despertaste a medianoche, y que querías que te llevara una carta a Marksville. ¿Qué tienes que decir a eso, eh?

–Todo lo que tengo que decir, señor –le contesté–, es que no hay nada cierto en eso. ¿Cómo iba a escribir una carta sin ningún tipo de tinta o papel? No hay nadie a que quiera escribir, porque no sé dónde están mis amigos. Armsby es una mentiroso y siempre está rodeado de borrachos, según dicen. Nadie confía en él. Sabe que siempre digo la verdad, y que nunca salgo de la plantación sin un pase. En todo caso, señor, puedo imaginar lo que Armsby pretendía con bastante claridad. ¿No le pidió que lo contrata como capataz?

–Sí, me pidió que lo contratara –respondió Epps.

–Ahí lo tiene –dije–. Quiere hacerle creer que todos queremos huir porque cree usted contratará a un capataz para vigilarnos. Se inventó esa historia sin fundamento porque quiere lograr eso. Es todo una mentira, señor, usted no puede creer eso.

Epps reflexionó un rato, evidentemente impresionado por la verosimilitud de mi teoría, y exclamó:

–Estoy convencido, Platt, de que me dices la verdad. ¿Cómo se le ocurre tomarme por un blando y pensar que puede venirme a mí con esas patrañas? Quizá cree que me puede engañar, tal vez piensa que no sé nada de cómo hacerme cargo de mis propios negros. ¿Intentando enjabonar al viejo Epps, eh? ¡Ja, ja, ja, Armsby, te ajustaré las cuentas! Le soltaré a los perros, Platt.

Y con muchos otros comentarios descriptivos sobre la persona de Armsby y sobre la propia capacidad de cuidar de su negocio y de ocuparse de sus negros, Epps abandonó la cabaña. Tan pronto como se fue tiré la carta al fuego, y con el corazón abatido y desesperado, contemplé la misiva que me había costado tanta angustia y preocupaciones, y que yo esperaba que fuera mi recurso precursor de la tierra de libertad. Vi cómo se retorcía y desaparecía en su lecho de brasas, y cómo se disuelvía en humo y cenizas. Armsby, el miserable traidor, fue expulsado de la plantación de Shaw no mucho después, para mi gran alivio, pues temía que pudiera renovar su conversación con Epps, y quizá convencerlo.

Ya no sabía dónde buscar la liberación. La esperanza surgió en mi corazón sólo para quedar aplastada y arruinada. El verano de mi vida pasaba, yo me sentía envejecer de forma prematura, y que en unos pocos años más el trabajo, el dolor y las miasmas venenosos de las ciénagas lograrían rematar su trabajo y yo quedaría entonces relegado al abrazo de la tumba, a la descomposición y al olvido. Rechazado, traicionado, sentí que no tenía esperanza de ser socorrido y sólo pude postrarme sobre la tierra y gemir con angustia indecible. La esperanza de rescate era la única luz que arrojaba un rayo de consuelo en mi corazón. Pero parpadeaba débil y apagada y cualquier nuevo soplo de decepción la extinguiría por completo y me dejaría a tientas en medio de la oscuridad de la noche hasta el final de la vida.

17

Si repaso el tiempo que ha pasado hasta ahora, y si omito muchos pequeños sucesos poco interesantes para el lector, el año 1850 fue de mala suerte para mi compañero Wiley, el marido de Phebe, cuyo carácter taciturno y su naturaleza retraída lo había mantenido hasta entonces en un segundo plano. A pesar de que Wiley rara vez abría la boca, y su vida giraba en una órbita oscura y sin pretensiones, sin quejas, aquel «negrata» silencioso, ocultaba en su interior los elementos de una naturaleza ardiente. En una explosión de auto-confianza, sin tener para nada en cuenta la filosofía del tío Abram, y las recomendaciones y consejos de Tía Phebe, tuvo la temeridad de intentar una visita nocturna a una cabaña vecina sin tener un pase.

Era tan atrayente la compañía en la que se encontraba, que Wiley no se dio apenas cuenta de que las horas pasaban, y la luz empezaba ya a romper por el este antes de que él se diera cuenta. Salió corriendo a toda velocidad para regresar a su cabaña lo más rápido que le permitían sus piernas. Esperaba llegar a sus habitaciones antes de que sonara la sirena, pero por desgracia una patrulla lo espiaba en su carrera.

No sé cómo funcionaba en otros oscuras tierras de esclavistas, pero en Bayou Boeuf había una organización de patrulleros cuya misión era apresar y azotar a cualquier esclavo que se encontrara vagando por la plantación. Patrullan a caballo y estaban dirigidos por un capitán, armado y seguido de una jauría. Tenían derecho, bien por ley o bien por consentimiento general, a infligir castigo discrecional a un hombre negro atrapado más allá de los límites de la propiedad de su amo sin un pase, e incluso de dispararle si intentaba escapar. Cada patrulla tenía que cubrir una cierta distancia a lo largo del pantano. Los pagaban los hacendados, quienes contribuían en proporción al número de esclavos de su plantación. El ruido de los cascos de sus caballos se podía oír a todas las horas del día, y con frecuencia se podía cómo conducía a un esclavo delante de ellos, o cómo tiraban de él, por una cuerda atada alrededor de su cuello, hasta la plantación de su propietario.

Wiley huyó al ver una de estas patrullas, pensando que podía llegar a su cabaña antes de que pudieran alcanzarlo, pero uno de los perros, un perrazo hambriento, lo mordió en una pierna y no soltó la presa. Los patrulleros lo azotaron con severidad, y se lo llevaron preso a Epps. Recibió de él latigazos aún más duros, por lo que entre los azotes y las mordeduras de perro quedó dolorido, impedido y baldado, de tal manera que apenas podía moverse. Le era imposible en tal estado mantenerse en su fila, y por lo tanto no podía trabajar ni una hora al día, pero Wiley sintió el aguijón de cuero crudo de su amo en su descarnada y sangrante espalda. Sus sufrimientos se hicieron intolerables, y finalmente decidió huir. Sin dar a conocer sus intenciones ni siquiera a su esposa Phebe, procedió a hacer los preparativos para llevar a ejecución su plan. Después de cocinar su ración de toda su semana, salió con cautela de la cabaña un domingo por la noche, después de los habitantes de las cabañas se quedaran dormidos. Cuando el cuerno sonó por la mañana, Wiley no hizo su aparición. Se lo buscó en las cabañas, entre el maíz, en la desmontadora y en todos los rincones de la plantación. Nos interrogaron a todos por si podíamos arrojar alguna luz sobre su desaparición o su paradero actual. Epps estaba loco de rabia, montó en su caballo y salió al galope hacia las plantaciones vecinas, hasta que llevó sus pesquisas en todas las direcciones. La búsqueda fue infructuosa. No se obtuvo nada en absoluto que pudiera dar un indicio de lo que había ocurrido con el hombre desaparecido. Llevaron a los perros a la ciénaga, pero fueron incapaces de dar con su rastro. Dieron toda la vuelta hasta las zonas más alejadas de los bosques con el morro pegado al suelo, pero siempre regresaban en poco tiempo al lugar en donde empezaron.

Wiley había escapado, pero en secreto y con cautela para eludir y esquivar toda persecución. Pasaron días y semanas sin saber nada de él. Epps no hacía más que maldecir y jurar. Era el único tema de conversación entre nosotros cuando estábamos solo. Hicimos gran cantidad de especulaciones sobre su paradero. Uno decía que podía haberse ahogado en algún pantano, porque era un mal nadador; otro, que quizá lo habían devorado los cocodrilos; o que le había picado una venenosa serpiente mocasín, cuya mordedura supone una muerte inmediata. Sin embargo, todos nosotros sentíamos una intensa y cálida corriente de simpatía por Wiley, dondequiera que se encontrara. Más de una ferviente oración se elevó de los labios de Tío Abram para pedir seguridad para el caminante.

En unas tres semanas, cuando ya se había perdido toda esperanza de volver a verlo, para nuestra sorpresa un día apareció entre nosotros. Nos informó que al salir de la plantación tenía la intención de dirigirse de regreso a Carolina del Sur, a las antiguas posesiones del amo Buford. Durante el día se quedaba agazapado, a veces en las ramas de un árbol, y por la noche seguía avanzando a través de los pantanos. Finalmente, una mañana, justo al amanecer, llegó a orillas del Red River. Mientras se encontraba en el bancal pensando en la manera de cruzarlo, se le acercó un hombre blanco y le exigió el pase. Por supuesto, como no lo tenía, lo consideraron un fugitivo, lo llevaron a Alexandría, jurisdicción de la parroquia de Rapides, y allí quedó confinado en la cárcel. Ocurrió que varios días después Joseph B. Roberts, el tío de la señora Epps, estuvo en Alexandría, fue a la cárcel y lo reconoció. Wiley había trabajado en su plantación, cuando Epps residía en Huff Power. Pagó la multa de la cárcel, le expidió un pase con una nota a Epps pidiéndole que no azotara a Wiley a su regreso, y Wiley fue enviado de vuelta a Bayou Boeuf. Roberts le aseguró que su amo obedecería esa petición, y esa esperanza lo mantuvo firme mientras se acercaba a casa. Sin embargo, como fácilmente puede comprenderse, esa petición fue completamente ignorada. Después de mantenerlo en vilo tres días, desnudaron a Wiley, y lo sometieron a una de esas palizas inhumanas tan corrientes entre los pobres esclavos. Fue el primer y último intento de Wiley de huir. Sus largas cicatrices en la espalda, que se llevaría con él a la tumba, le recordaban permanentemente los peligros de esa decisión.

No pasó un solo día durante los diez años que pertenecí a Epps en que no me interrogara sobre la posibilidad de escapar. Hice muchos planes, que en el momento me parecieron excelentes, pero tuve que abandonarlos uno tras otro. Ningún hombre que alguna vez haya estado en una situación de este tipo puede comprender los mil obstáculos que se interponen en el camino del esclavo que se escapa. Las manos de todos los hombres blancos se levantan contra él, los patrulleros los vigilan, los perros están preparados para seguirle la pista, y la naturaleza del país es tal que hace imposible atravesarlo sin peligro. Sin embargo, pensé que tal vez podría llegar el momento en que me viera corriendo de nuevo para atravesar los pantanos. Llegué a la conclusión de que para el caso de que se diera esa persecución, me convenía manipular a los perros Epps. Poseía varios, y uno de ellos era un notorio cazador de esclavos, el más feroz y salvaje de su raza. Cuando íbamos a cazar mapaches o zarigüeyas, nunca les daba la oportunidad de correr, y cuando estaba solo los azotaba con dureza. De esta manera logré al fin someterlos por completo. Me tenían miedo y obedecían mis órdenes cuando los demás no tenían ningún control sobre ellos. Si me hubieran seguido y alcanzado, dudo que se hubieran atrevido a atacarme.

A pesar de la certeza de la captura, el bosque y los pantanos estaban continuamente llenos de fugitivos. Muchos de ellos, cuando estaban enfermos, o tan agotados que no podían realizar su trabajo, huían a los pantanos, dispuestos a sufrir el castigo infligido por esos delitos, con el fin de obtener uno o dos días de descanso.

Cuando pertenecí a Ford, revelé sin darme cuenta el escondite de seis u ocho, que se habían refugiado en Great Pine Woods.

Adam Taydem me enviaba con frecuencia a las desmontadoras después de la cena. Había que atravesar un espeso bosque de pinos. Hacia las diez de una hermosa noche de luna, mientras caminaba por el camino de Texas de regreso de las desmontadoras con un cerdo asado en un saco que me colgaba del hombro, oí pasos detrás de mí, me volví y vi a dos hombres de color con aspecto de esclavos que se me acercaban rápidamente. Cuando ya estaban próximos, uno de ellos levantó un garrote como si quisiera golpearme, y el otro me arrebató la bolsa. Me las arreglé para esquivar a los dos, y aprovechando una rama de pino, la lancé con tal fuerza contra la cabeza de uno de ellos que se quedó postrado, aparentemente sin sentido, en el suelo. En ese momento, hicieron su aparición otros dos desde un lado del camino. Sin embargo, antes de que pudieran atacarme logré esquivarlos, me di la vuelta y salí corriendo hacia las desmontadoras dejándolos con un palmo de narices. Cuando Adam fue informado de la historia, se apresuró a acudir a la aldea indígena, despertó a Cascalla y varios miembros de su tribu y salió en persecución de los bandidos. Los acompañé a la escena del ataque. Descubrimos un charco de sangre en el camino, donde había caído el hombre a quien había herido con la rama de pino. Después de buscar cuidadosamente por el bosque durante largo rato, uno de los hombres de Cascalla descubrió humo que se enroscaba a través de las ramas enredadas de varios pinos caídos. Rodearon la madriguera con cautela y los apresaron a todos. Habían escapado de una plantación en las proximidades de Lamourie y se habían ocultado allí tres semanas. No habían tenido ninguna intención de hacerme daño, sino sólo sustraerme el cerdo. Al verme salir de la plantación de Ford justo a la caída de la noche, y sospechando la naturaleza de mi misión, me siguieron, me vieron salir del carnicero y cargar el cerdo, y me esperaron a mi regreso.

Los azuzaba el deseo de obtener comida, y los llevó a ese extremo la necesidad. Adam los llevó a la cárcel de la parroquia, y fue recompensado generosamente.

No pocas veces el fugitivo pierde su vida en el intento de escapar. Las tierras de Epps limitaban por un lado con las de Carey, una extensa plantación de azúcar. Cultivaba anualmente por lo menos seiscientas hectáreas de caña de azúcar. Obtenía de veintidós a veintidós mil trescientos toneles de azúcar, más o menos tres o cuatro toneles de rendimiento por hectárea. Además, también cultivaba unas doscientas hectáreas de maíz y algodón. Poseía el año pasado ciento cincuenta y tres esclavos, además de casi el mismo número de niños y de contratados anuales durante la temporada alta de este lado del Mississippi.

Uno de sus supervisores negros era un chico agradable e inteligente llamado Augustus. Durante los días de fiesta, y ocasionalmente en el trabajo en los campos colindantes, tuve la oportunidad de conocerlo, y con el tiempo maduró entre nosotros una cálida amistad basada en el apego mutuo. El verano anterior tuvo la desgracia de incurrir en el enfado del capataz, un animal, un bruto sin corazón que lo azotó cruelmente. Augustus escapó. Llegó a la plantación de caña de Hawkins y se ocultó en la parte más alejada de la misma. Los quince perros de Carey dieron con su pista y se pusieron a husmear sus huellas. Rodearon la plantación aullando y dando zarpazos, pero no podían llegar hasta él. Entonces, guiado por el clamor de los perros, los perseguidores cabalgaron hasta allí, el capataz entró en la plantación y lo sacó. Mientras él rodaba por tierra toda la jauría se abalanzó sobre él, y antes de que pudieran calmarlos, habían roído y mutilado su cuerpo de la manera más brutal. Sus dientes habían penetrado hasta el hueso en cien dentelladas. Lo recogieron, lo ataron a una mula y lo llevaron a casa. Pero este fue la última lucha de Augustus. Aguantó hasta el día siguiente. Al fin la muerte se llevó al desgraciado muchacho y amablemente lo rescató de su agonía.

No era raro que las mujeres esclavas intentaran escapar como los hombres esclavos. Nelly, la chica de Eldret, a quien siguió con dificultad durante un tiempo en el Big Cane Brake, se ocultó durante tres días en el granero donde Epps guardaba el maíz. Por la noche, cuando su familia dormía, ella cogía comida de las cabañas y luego regresaba al granero. Llegamos a la conclusión de que ya no era seguro para nosotros permitir que se quedara, y tuvo que volver por su propio pie al redil.

Pero hubo un ejemplo más notable de evasión que superó con éxito a los perros y a los cazadores. Entre las muchachas de Carey había una que se llamaba Celeste. Tenía diecinueve o veinte años, y era más blanca que su dueño o que cualquiera de sus descendientes. Se requiere una inspección muy minuciosa para detectar entre sus facciones el más mínimo rastro de sangre africana. Un extraño nunca habría ni soñado que ella era descendiente de esclavos. Estaba yo sentado en mi cabaña a altas horas de la noche tocando por lo bajo una melodía en mi violín, cuando se abrió cautelosamente la puerta y apareció Celeste ante mí. Estaba pálida y ojerosa.

Si hubiera sido una aparición surgida de la tierra no me habría sorprendido más.

–¿Quién eres? –le pregunté después de observarla un momento.

—Tengo hambre, dame un poco de tocino —fue su respuesta.

Mi primera suposición fue que era una joven blanca que por amor había huido de su casa, vagaba sin rumbo y se había sentido atraída por mi cabaña al oír el sonido del violín. Pero su vestido de esclava de algodón basto pronto disipó tal suposición.

—¿Cuál es tu nombre? —seguí preguntándole.

—Mi nombre es Celeste —respondió ella—. Pertenezco a Carey y he pasado dos días entre los palmitos. Estoy enferma y no puedo trabajar, y prefiero morir en el pantano a que el capataz me azote hasta la muerte. Los perros de Carey no me van a seguir. Tienen un acuerdo conmigo. Entre Celeste y ellos hay un secreto, y su mente no obedecerá las órdenes diabólicas del capataz. Dame un poco de carne. Estoy muerta de hambre.

Partí con ella mi escasa ración, y mientras comíamos me contó cómo había logrado escapar y me describió el lugar de su escondite. A orillas del pantano, a un kilómetro escaso de la casa de Epps, había un gran terrenos, densamente cubierto de palmitos. Los enormes árboles, cuyos largos brazos se entrelazaban, formaban un dosel, tan denso como para impedir la entrada de los rayos del sol. Incluso en día más esplendoroso, allí siempre reinaba el crepúsculo. En el centro de aquel gran espacio sombrío y solitario, en el que casi siempre no había nada más que serpientes, Celeste había construido una tosca cabaña con las ramas secas que habían caído al suelo, y la había cubierto con las hojas del palmito. Aquella era su morada. No le tenía más miedo a los perros de Carey del que yo le tenía a Epps. Es un hecho que escapa a cualquier explicación que hay personas cuyas huellas los perros se niegan rotundamente a seguir. Celeste era una de ellas.

Durante varias noches ella vino a mi cabina para buscar alimentos. En una ocasión, nuestros perros ladraron mientras ella se acercaba, lo que alertó a Epps y lo indujo a seguir las huellas. No la descubrió, pero ya no consideramos prudente que ella acudiera a las cabañas. Cuando todo quedaba en silencio le llevaba provisiones a un determinado lugar acordado, donde ella las recogía.

Celeste pasó así la mayor parte del verano. Recuperó la salud, engordó y se fortaleció. En todas las estaciones del año se podían oír en la noche los aullidos de los animales salvajes en los márgenes de los pantanos. Varias veces la habían despertado de noche los gruñidos amenazantes. Aterrorizada por semejantes horribles saludos, por fin llegó a la decisión de abandonar su solitaria morada y regresar a la hacienda de su amo. Fue azotado, le metieron el cuello en el cepo y al final la enviaron al campo otra vez.

El año antes de mi llegada a aquella tierras se produjo una revuelta entre algunos esclavos de Bayou Boeuf que acabó trágicamente. Supongo que aquello se comentó mucho en la prensa del momento, pero todo mi conocimiento del asunto se basa en las historias de las personas que vivían entonces en las inmediaciones de la plantación. Se ha convertido en un tema de interés general y constante para todos los esclavos en las cabañas de los pantanos, y sin duda lo será para las generaciones venideras. Lew Cheney, un negro más astuto e inteligente que la mayoría de sus compañeros, pero traicionero y sin escrúpulos, concibió el proyecto de organizar un grupo lo bastante fuerte como para enfrentarse a quien se les opusiera hasta llegar al vecino territorio de México.

Seleccionaron como punto de reunión un lugar muy alejado de la plantación de Hawkins e inmerso en las profundidades de los pantanos. Lew pasaba de una plantación a otra en medio de la noche para predicar su cruzada para llegar a México y, como Pedro el Ermitaño, provocaba un gran estusiasmo por dondequiera que aparecía. Por fin, reunió a un gran número de fugitivos, de mulas robadas, de maíz incautado en los campos y de tocino hurtado de los ahumaderos, y lo llevó todo al bosque. La expedición estaba a punto de partir cuando se descubrió su escondite. Lew Cheney, convencido de que su proyecto ya no tenía futuro y con el fin de ganarse el favor de su amo y evitar las previsibles consecuencias, decidió con total sangre fría sacrificar a todos sus compañeros. Salió secretamente del campamento, reveló a los plantadores las cantidades sustraídas en los pantanos, y en lugar de decir la verdad sobre el objetivo de la fuga, afirmó que la intención de los amotinados era escapar de su reclusión a la primera oportunidad favorable y asesinar a todos los blancos que encontraran en los pantanos.

Semejante barbaridad pasó de boca en boca y llenó de terror a toda la región. Los fugitivos fueron rodeados y tomados prisioneros, encadenados y enviados a Alexandria, donde los colgaron. Y no sólo ellos, sino muchos que parecieron sospechosos aunque fueran del todo inocentes, fueron llevados desde sus plantaciones o sus cabañas, y sin un amago de proceso o alguna forma de juicio, los llevaron al cadalso. Finalmente, los plantadores de Bayou Boeuf se rebelaron contra semejante destrucción de los esclavos de su propiedad, pero aquella masacre indiscriminada no cesó hasta que llegaron los soldados de un regimiento desde algún fuerte en la frontera de Texas, derribaron la horca y abrieron las puertas de la prisión de Alexandria. Lew Cheney escapó, e incluso fue recompensado por su traición. Todavía vive, pero su nombre provoca el desprecio y la execración en toda la región que se extiende entre las parroquias de Rapides y Avoyelles.

Pero la idea de una insurrección no es nueva entre la población esclavizada de Bayou Boeuf. Más de una vez me uní a quienes pnateban seriamente el tema, y hubo momentos en que una palabra mía habría puesto a cientos de mis compañeros en una actitud de abierto desafío. Pero veía que sin armas o municiones, o incluso con ellas, dar semejante paso sería avanzar hacia una derrota segura, hacia el desastre y la muerte, y siempre elevé mi voz contra esa acción.

Recuerdo bien que durante la guerra con México las esperanzas se exacerbaron entre ellos. La noticia de la victoria llenó de regocijo la casa grande, pero sólo produjo tristeza y decepción en las cabañas. En mi opinión, y tuve la oportunidad de entrar en contacto con la sensación de la que hablo, no había ni cincuenta esclavos en las costas de Bayou Boeuf, que no hubieran visto con agrado la aproximación de un ejército invasor.

Se engañan quienes se autoconvencen de que los esclavos ignorante y degradados no se dan cuenta de la magnitud de sus culpas. Se engañan quienes imaginan que se arrodillan, con la espalda lacerada y sangrante, implorando el perdón, sólo por su naturaleza mansa. Si sus plegarias son escuchadas, llegará el día, el terrible día de la venganza, en que el amo llore en vano implorando misericordia.

18

Wiley sufrió severamente a manos del amo Epps, como ya relaté en el capítulo anterior, pero en este sentido no le fue peor que a sus infortunados compañeros. «Carne de látigo», así expresaba el amo nuestra condición. Él padecía por naturaleza períodos de mal humor, y en esos momentos, había que tener cuidado porque la menor provocación daba lugar a un castigo desproporcionado. Las circunstancias que rodearon la última flagelación que padecí, muestran cómo una causa trivial era suficiente para que recurriera al látigo.

Un tal señor O'Niel, que residía en las inmediaciones de Big Pine Woods, se puso en contacto con Epps porque tenía el propósito de comprarme. Era curtidor, tenía un floreciente negocio, y quería ponerme al servicio de algún departamento de su establecimiento, siempre que lograra comprarme. Mientras preparaba la mesa en la gran casa, la Tía Phebe oyó la conversación. Al regresar al patio por la noche, la anciana corrió a mi encuentro, para anunciarme aquella abrumadora noticia. Me repitió punto por punto todo lo que había oído, porque la Tía Phebe tenía unos oídos que jamás se perdían palabra de una conversación en la que estuviera presente. Ella lo exageró diciendo que «Massa Epps fue a venderme a un curtidor de Pine Woods», y levantó tanto la voz que llamó la atención del ama, que pasaba inadvertidamente por la explanada en ese momento y oyó nuestra conversación.

–Bueno, Tía Phebe –dije yo–, me alegro. Estoy cansado de recoger algodón y preferiría ser curtidor. Espero que me compre.

Pero O'Niel no cerró el trato porque las partes no se pusieron de acuerdo en el precio, y la mañana siguiente de su llegada, volvieron a casa. Acababa de dejarme después de estar un rato conmigo, cuando Epps apareció en el campo. No había nada que enfureciera más a Epps que la insinuación de que uno de sus esclavos quería dejarlo. La señora Epps le había repetido mi conversación con la Tía Phebe la noche anterior, y por lo que pude comprender el ama le había mencionado que ella misma nos había escuchado. Al entrar en el campo, Epps caminó directamente hacia mí.

–¿Conque estás cansado de recoger algodón, eh, Platt? ¿Conque te gustaría cambiar de amo, eh? ¿Eres aficionado a viajar, quizá? Ah, sí. Quizá a viajar para conservar tu salud, ¿no? Me imagino que estás saturado de recoger algodón raspado. Así que prefieres el negocio del curtido. Buen negocio, un negocio del demonio. Negro bocazas. Puede que también yo me dedique a ese negocio. De rodillas y quítate ese trapo de la espalda que voy a ver si se me da bien curtir.

Le supliqué encarecidamente y me esforcé en ablandarlo con excusas, pero en vano. No había otra alternativa, así que me arrodillé y le descubrí mi espalda para que me azotara.

–¿Cómo te gusta el curtido? –exclamó mientras el cuero crudo se abatía sobre mi carne–. ¿Cómo te gusta el curtido? –repetía con cada golpe.

Y así, me dio veinte o treinta latigazos, sin dejar de repetir la expresión «curtido», fuera cual fuese la frase elegida. Cuando ya me había «curtido» bastante, me permitió levantarme, y sin dejar de reírse maliciosamente me aseguró que si todavía tenía ganas de montar el negocio, me daría más instrucciones cada vez que yo lo deseara. Me comentó que sólo me había dado una breve lección de «curtido», pero que en la próxima sesión me lo explicaría más «a fondo».

A Tío Abram también lo trataron frecuentemente con extrema brutalidad, a pesar de que era una de las criaturas más amables y más fieles en el mundo. Fue mi compañero de cabaña durante años. Había una agradable expresión de bondad en el rostro del anciano. Siempre nos trataba como un padre y nos aconsejaba con gran seriedad y sentido común.

Una tarde, al regresar de la plantación de Marshall, a donde me habían enviado con algún recado del ama, lo encontré tirado en el suelo de la cabaña con la ropa empapada de sangre. ¡Me dijo que lo habían apuñalado! Aunque había ido para tratar del empaquetado del algodón, Epps volvió de Homesville en estado de embriaguez. Encontró fallos por todas partes y a dar infinidad de órdenes tan contradictorias que era imposible ejecutarlas. Tío Abram, cuyas facultades estaban ya muy mermadas, se hizo un lío, y metió la pata en alguna bobada sin importancia. Epps se enfureció tanto que, con la temeridad que da la ebriedad, saltó sobre el anciano y lo apuñaló en la espalda. Era una herida larga y tenía mal aspecto, pero no lo bastante profunda como para resultar fatal. El ama la cosió y censuró a su marido con extrema severidad, no sólo por su falta de humanidad, sino porque incluso podía llevar a la familia a la ruina si en alguna de sus borracheras mataba a todos los esclavos de la plantación.

No era tampoco nada raro que dejara maltrecha a tía Phebe con una silla o un palo, pero los más crueles azotes, y de los que siempre estaba condenado a ser testigo con horror, eran los que infligía a la desgraciada Patsey.

Ya relatamos cómo los celos y el odio de la señora Epps hacían que la vida diaria de su joven y trabajadora esclava fuera completamente miserable. Me satisface recordar que en numerosas ocasiones me interpuse para evitar el castigo de la chica inofensiva. En ausencia de Epps, el ama me ordenaba muchas veces azotarla sin la más mínima razón. Yo me negaba, argumentándole que temía el disgusto de mi amo, y varias veces me atreví a protestar ante ella por el trato que recibía Patsey. Traté de impresionarla con la verdad: que ella no era responsable de los actos de los que la acusaban, porque era una esclava, y sujeta por completo a la voluntad de su amo. Él era el único responsable.

Y finalmente, «el monstruo de ojos verdes» se introdujo también en el alma de Epps. Fue entonces cuando se unió a su airada esposa en un despliegue infernal de torturas a la desgraciada chica.

En un día festivo durante la época del azadonado, no hace mucho tiempo, estábamos a orillas del pantano lavando la ropa, como solíamos hacer. Patsey no estaba. Epps la llamó a voces, pero no obtuvo respuesta. Nadie la había visto salir a la explanada, y desconocíamos por completo a donde había ido. Al cabo de un par de horas la vimos acercarse por el camino de Shaw. Este hombre, como ya hemos explicado, era un tipo notoriamente disoluto y encima no estaba en las mejores relaciones con Epps. Su esposa Harriet conocía los problemas de Patsey y era amable con ella, de manera que la chica tenía la costumbre de ir a verla a menudo. Sus visitas sólo obedecían a esta la amistad, pero una sospecha fue anidando en el cerebro de Epps, que una pasión más culpable la llevaba hasta allí. Que no era a Harriet a quien iba a visitar, sino más bien a su disoluto vecino. A su regreso, Patsey encontró a su amo enfurecido. Su violencia la alarmó tanto que al principio trató de responderle con evasivas, que sólo sirvieron para aumentar sus sospechas. Sin embargo, finalmente se sobrepuso con orgullo, y negó con indignada valentía todos los cargos.

–La señora no me da jabón para lavar, como lo hace con los demás –dijo Patsey–, y usted sabe por qué. Me fui a ver a Harriet para conseguir un pedazo –y diciendo esto, sacó el jabón de un bolsillo de su vestido y se lo enseñó–. Por eso fui a Shaw, señor Epps –continuó ella–, Dios sabe que es la verdad.

–¡Mientes, negra! –gritó Epps.

–No miento, señor. Si me va a matar, coja ya el garrote.

–¡Ah, ya te ablandaré. Me vas a decir que has hecho con Shaw. Te lo sacaré –murmuró con ferocidad a través de los dientes apretados.

Luego se volvió hacia mí y me ordenó que clavara cuatro estacas en el suelo, señalándome con la puntera de la bota los puntos donde donde debía clavarlas. Cuando las dejamos fijas al suelo, él le dio la orden de que se desnudara. Llevaron cuerdas y pusieron a la chica desnuda boca abajo con las muñecas y los pies atados con firmeza a las estacas. Recorrió la explanada, cogió un pesado látigo, lo puso en mis manos y me ordenó azotarla. Me vi obligado a obedecer semejante orden. Me atrevería a decir que en ninguna parte ha habido, sobre la faz de la tierra, una exhibición tan demoníaca como aquella de la que fui testigo aquel día.

La señora Epps se situó en la explanada entre sus hijos para contemplar la escena con un aire de satisfacción despiadada. Los esclavos se agruparon a cierta distancia con el dolor de sus corazones estampado en el rostro. La pobre Patsey imploró misericordia lastimosamente, pero sus oraciones fueron en vano. Epps apretó los dientes, y se plantó con firmeza en el suelo, mientras me gritaba como un demente que golpeara con más fuerza.

–Golpea más fuerte, o cuando acabes tú irás también, desgraciado –gritaba.

–¡Ah, misericordia, amo! ¡Ah!, misericordia! ¡Ah, Dios mío, ten piedad de mí! –exclamaba Patsey sin descanso luchando infructuosamente mientras su carne temblaba a cada golpe.

Cuando ya la había golpeado como treinta veces, paré y me volví hacia Epps con la esperanza de que ya estuviera satisfecho, pero con amargos juramentos y amenazas me ordenó continuar. Le di diez o quince golpes más. En aquel momento su espalda estaba cubierta de largos verdugones que se entrecruzaban como red. Epps, todavía furioso y tan salvaje como siempre, le preguntaba si le gustaría volver a ver a Shaw, mientras juraba que la iba a azotar hasta que deseara estar muerta. Arrojé el látigo y el dije que no podía castigarla más. Me ordenó que siguiera y me amenazó con una flagelación tan severa como la que ella había padecido si me negaba. Mi corazón se rebeló ante aquel ser inhumano, y a pesar del riesgo que corría, me negué en redondo a usar el látigo. Lo agarró y lo aplicó con diez veces más fuerza que la mía. Los gritos de dolor y los gemidos de Patsey, mezclados con las brutales y furiosas maldiciones de Epps, llenaban el aire. Ella estaba ya terriblemente lacerada, incluso, y sin exagerar, literalmente desollada. El látigo estaba húmedo de sangre, que fluía por sus costados y goteaba en el suelo. Por fin, ella dejó de luchar. Su cabeza se hundió con indiferencia en el suelo. Sus gritos y súplicas disminuyeron gradualmente de volumen y se desvanecieron en un gemido. Ya no se retorcía ni pestañeaba cuando empezaron a desprendérsele fragmentos de carne. ¡Pensé que se moría!

Era el día de descanso del Señor. Los campos sonreían a la luz del sol, los pájaros gorjeaban alegremente entre el follaje de los árboles. La paz y la felicidad parecían reinar por doquier, salvo en el pecho de Epps, en los jadeos de su víctima y en los mudos testigos que los rodeábamos. Aquellas tempestuosas y tórridas emociones tenían poco que ver con la armonía y la serena belleza de aquel día. Sólo podía mirar a Epps con indecible repugnancia y horror, mientras pensaba: «Tú, monstruo, tarde o temprano, en algún momento de la justicia eterna, ¡tendrás que responder por este pecado!».

Finalmente, dejó de azotar por mero agotamiento, y ordenó a Phebe traer un cubo de agua con sal. Después de lavar así su conciencia, me pidió que la llevara a su cabaña. Desaté las cuerdas y la levanté en mis brazos. No podía mantenerse de pie, y cuando su cabeza se apoyó en mi hombro, repitió muchas veces, con voz débil y apenas perceptible:

–¡Ah, ah, Platt, Platt! –pero nada más.

Le cambiamos la ropa, pero se le pegó a la espalda, y enseguida se quedó tiesa de sangre. La dejamos descansar sobre unas tablas en la cabaña y allí permaneció mucho tiempo con los ojos cerrados y gimiendo de dolor. Por la noche, Phebe aplicaba sebo derretido a sus heridas, y en la medida de nuestras posibilidades todos nos esforzamos por ayudarla y consolarla. Día tras día permanecía en su cabaña boca abajo, pues las llagas no le permitían descansar en cualquier otra posición.

Sólo una cosa habría supuesto una bendición que le habría ahorrado semanas y meses de angustia: que nunca hubiera vuelto a levantar la cabeza. Porque a partir de aquel momento ya no fue la que era. Pesaba en su ánimo la carga de una profunda melancolía. Ya no se movía con su antigua vitalidad; sus ojos habían perdido aquella chispa de alegre optimismo que antes los caracterizaba. La fuerza y el alegre espíritu risueño de su juventud habían desaparecido. Cayó en un estado de ánimo triste y abatido, y muchas veces se levantaba dormida con las manos levantadas para pedir misericordia. Se volvió más silenciosa de lo que ya era y trabajaba todo el día entre nosotros sin pronunciar palabra. En su rostro quedó grabada una expresión apenada, y su humor tendía a las lágrimas en lugar de a la alegría. Si ha habido alguna vez un corazón roto y destrozado por las brutales garras de la desgracia, ése era el de Patsey.

Ella no se había educado mejor que la bestia de su amo y nunca fue considerada más que un simple, valioso y hermoso animal, y que como tal no poseía sino una cantidad limitada de conocimiento. Y sin embargo, una débil luz arrojaba sus rayos sobre su mente y ésta no se encontraba en una total oscuridad. Tenía una confusa percepción de Dios y de la eternidad, y una aún más tenue noción de un Salvador que había muerto incluso por alguien como ella. Comprendía, aunque confusamente, las posibilidades de una vida futura, pero no comprendía la diferencia entre la existencia física y la espiritual. En su mente, la felicidad consistía en que mientras trabajaba desaparecieran los látigos de las sádicas de los amos y los capataces. Su idea de la felicidad del paraíso consistía simplemente en descansar, y se expresaba plenamente en una melancólica canción:

> No pido el paraíso en el cielo,
> Y atenciones para los oprimidos de la tierra,
> El único cielo por el que yo suspiro,
> Es descanso, descanso eterno.

Hay una opinión equivocada que prevalece en algunos sectores de que el esclavo no entiende el sentido y la idea de libertad. Incluso en Bayou Boeuf, donde considero que la esclavitud pervive en su forma más abyecta y cruel y donde presenta características totalmente desconocidas en los Estados del norte, los esclavos más ignorantes saben muy bien su significado. Entienden los privilegios de los que la poseen y las carencias de los que no la tienen. Como el pago por los frutos de su trabajo, lo que les aseguraría el disfrute de la felicidad doméstica. No pueden dejar de observar la diferencia entre su propia condición y la del más humilde hombre blanco para darse cuenta de la injusticia de las leyes que lo sitúan en su poder no sólo para apropiarse de los beneficios de su trabajo, sino para someterlos a un injusto y brutal castigo sin que tenga derecho alguno a resistirse o protestar.

La vida de Patsey, especialmente después de su terrible experiencia, fue un largo sueño de libertad. Sabía que muy lejos, a una fantástica distancia inconmensurable, sabía que existía la tierra de libertad. Una y mil veces había oído que en algún lugar del norte lejano no había esclavos ni amos. En su imaginación era una región encantada, el paraíso en la tierra. Vivir donde el negro pudiera trabajar para sí mismo, vivir en su propia cabaña y hasta en su propia tierra, era la feliz fantasía soñada por Patsey. Un sueño, ¡ay!, que nunca pudo ver realizado.

El efecto de estas experiencias brutales en la casa del esclavista, era evidente. El hijo mayor de Epps era un muchacho inteligente de diez o doce años. Resultaba lamentable verlo a veces castigar, por ejemplo, al venerable Tío Abram. Llamaba al anciano para pasar cuentas con él, y si a su infantil juicio lo consideraba necesario, lo condenaba a cierto número de latigazos, que procedía a imponer con toda seriedad y concentración. Montado en su caballo, acudía a menudo al campo con su látigo y jugaba a hacer de capataz, con gran alegría de su padre. Sin discriminación alguna, en aquellas ocasiones aplicaba el cuero del látigo azuzando a los esclavos hacia delante con gritos y blasfemias mientras su padre se reía y lo elogiaba como a un niño que ha hecho bien los deberes.

«El niño es el padre del hombre», y con este tipo de formación, cualquiera que sea su disposición natural, si no aprende lo que está mal, al llegar a la madurez verá los sufrimientos y las miserias del esclavo con total indiferencia. La influencia del este sistema inicuo fomenta necesariamente un espíritu insensible y cruel, incluso en los pechos de los que, entre sus iguales, son considerados como seres humanos y generosos.

El joven amo Epps poseía algunas cualidades nobles, sin embargo, no poseía ningún proceso de razonamiento que le pudiera llevar a comprender que a los ojos del Todopoderoso no hay distinción de colores. Miraba al negro como a un simple animal que no difería en nada de cualquier otro, salvo por el don de la palabra y la posesión de instintos algo más elevados y, por lo tanto, más valioso. En su mente, el destino del esclavo era trabajar como una mula, recibir durante toda la vida los latigazos y las patadas de su padre, y colocarse frente a los blancos con el sombrero en la mano y los ojos mirando servilmente al suelo. Criados en la idea de que no estamos situados dentro de los límites de la humanidad, no es extraño que los opresores de mi pueblo sean una raza despiadada e implacable.

19

En el mes de junio de 1852, en cumplimiento de un contrato previo, el señor Avery, un carpintero de Bayou Rouge, empezó la construcción de una casa para el amo Epps. Ya he señalado que no hay sótanos en Bayou Boeuf, y por otro lado, como el terreno es bajo y pantanoso, las grandes casas se construyen casi siempre sobre pilares. Otra peculiaridad es que las habitaciones no se cubren, pero en cambio el techo y los laterales se forran con tablas machihembradas de ciprés, y luego se pintan al gusto del propietario. En general son los esclavos quienes sierran azuzados por el látigo la madera y los tableros, ya que no hay energía hidráulica para hacerlo en aserraderos en muchas millas a la redonda. Por lo tanto, cuando el plantador decide erigir por sí mismo una vivienda, sus esclavos tienen muchísimo trabajo extra. Como contaba con algo de experiencia de carpintero con Tibeats, me sacaron del campo y me fui con la cuadrilla de Avery.

Entre ellos había uno con quien tengo una deuda inconmensurable de gratitud. Si no hubiera sido por él, con toda probabilidad habría terminado mis días en la esclavitud. Fue mi libertador, un hombre cuyo corazón sincero desbordaba de sentimientos nobles y generosos. Hasta el último instante de mi existencia lo recordaré con gratitud. Se llamaba Bass, y en aquel momento residía en Marksville. Me cuesta transmitir una impresión ajustada de su apariencia o carácter. Era un hombre grande, de entre cuarenta y cincuenta años, tez clara y cabello rubio. Era muy espontáneo y dueño de sí mismo, muy aficionado a debatir, pero siempre a partir de la deliberación profunda. Era ese tipo de persona tan especial que nada de lo que dice ofende a nadie. Lo que resultaría intolerable viniendo de labios de otro, él lo podía decir con total impunidad. Seguramente no había un hombre en Red River que estuviera de acuerdo con él en asuntos de política o religión, y me atrevo a decir que con ninguno discutió de esos temas ni la mitad de lo que creía. Parecía exponer siempre la cara incómoda de todos los asuntos locales, y nunca provocaba desagrado entre sus oyentes porque hablaba de forma ingeniosa y original para mantener la controversia. Era soltero, un verdadero solterón en la verdadera acepción del término, que no tenía familiares vivos conocidos en todo el mundo. Tampoco tenía vivienda fija y vagaba de un Estado a otro, a donde le mandaba su fantasía. Había vivido en Marksville tres o cuatro años dedicado a su trabajo de carpintero, y en consecuencia, por eso mismo, conocía al detalle las peculiaridades de toda la parroquia de Avoyelles. Era un liberal convencido y sus muchos actos de bondad y la afabilidad transparente de su corazón lo hicieron popular en la comunidad, algo que él no pretendía.

Era nativo de Canadá, de donde se fue en su juventud, y después de visitar todas las principales localidades de los estados del norte y el oeste, llegó, en el curso de sus peregrinaciones, a la región insalubre de Red River. Su última residencia había sido Illinois. ¿Dónde se encontrará ahora? Lamento tener que decir que lo desconozco. Recogió sus cosas y se marchó en silencio de Marksville el día antes que yo, obligado por las sospechas que se cernían sobre él de haber sido el instrumento para la adquisición de mi libertad. Por haber participado en un acto justo y recto, sin duda habría sido asesinado de haber permanecido al alcance de la tribu de los azotaesclavos en Bayou Boeuf.

Un día, mientras trabajábamos en la nueva casa, Bass y Epps se liaron en una discusión que, como se puede suponer fácilmente, escuché con enorme interés. Trataban el tema de la esclavitud.

–Le diré lo que es, Epps –dijo Bass–. Todo eso está mal, muy mal, señor; no hay justicia ni rectitud en ella. Yo no tendría un esclavo ni aunque fuera tan rico como Creso, que no lo soy. Se comprende perfectamente bien el sistema para tener acreedores. El sistema del crédito es otro fraude, señor. Si no hay crédito, no hay deuda. El crédito lleva al hombre a la tentación. El pago al contado es lo único que puede librarlo del fraude. Y respecto a la cuestión de la esclavitud, ¿qué derecho tienes a tus negros cuando se ha caído hasta ese punto?

–¡Claro que lo tengo! –dijo Epps, riendo–. Porque los he comprado y los he pagado.

Por supuesto que sí, la ley dice que usted tiene derecho de tener un negro, pero con perdón de la ley, eso es mentira. Epps, si la ley dijera que algo es mentira y no fuera cierto, ¿hay que dar por buena esa ley? Supongamos que aprobaran una ley que le arrebata su libertad y lo convierte en un esclavo.

–Oh, eso no sería posible –dijo Epps, sin dejar de reír–. Espero que no me estés comparando con un negro, Bass.

–Bueno –respondió Bass con seriedad–. No, no exactamente. Pero he visto por aquí negros tan buenos como yo, y en cambio no he conocido en estas tierras a ningún hombre blanco que considere un ápice mejor que yo. Por tanto, ante los ojos de Dios, ¿cuál es la diferencia, Epps, entre un hombre blanco y uno negro?

–Toda la diferencia del mundo –respondió Epps–. Sería como preguntar cuál es la diferencia entre un hombre blanco y un babuino. Aunque he visto una de esas criaturas en Orleans que sabía tanto como cualquiera de mis negros. ¿Supongo que los llamarías ciudadanos, verdad? –y Epps soltó una carcajada ante su propio ingenio.

–Mire, Epps –continuó su oponente–, usted no debería reír de esa manera. Algunos hombres son graciosos, y algunos no lo son tanto como ellos creen. Déjeme hacerle una pregunta. ¿Han sido todos los hombres creados libres e iguales, tal como sostiene la Declaración de Independencia?

–Sí –respondió Epps–. Todos los hombres, pero los negros y los monos no lo son –y dicho esto prorrumpió en una carcajada aún más sonora que la anterior.

–Si es por eso…. hay monos entre los blancos, como los hay entre los negros –comentó fríamente Bass–. Sé de algunos blancos que utilizan argumentos ningún mono sensato emplearía. Pero dejemos ese asunto. Estos negros son seres humanos. Si no saben tanto como sus amos, ¿de quién es la culpa? No se les permite aprender nada. Usted tiene libros y periódicos, y puede ir donde quiera, y buscar la información de mil maneras. Pero sus esclavos no tienen ese privilegio. Se les azota si se descubre que han leído un libro. Los mantienen en la esclavitud, generación tras generación, privados de educar su inteligencia. ¿Cómo se puede esperar que posean muchos conocimientos? Si ellos no ellos no están en niveles de animalidad absoluta, no será gracias a ustedes. Si son tratados como babuinos, o subhumanos con el mismo nivel de inteligencia de esos animales, usted y los hombres como usted tendrán que responder por ello. Hay un pecado, un pecado terrible, que se perpetúa en esta nación, que no va a quedar impune para siempre. Habrá un ajuste de cuentas. Sí, Epps, llegará un día en que todo estallará como un volcán. Será más pronto o más tarde, pero es tan cierto que llegará como que el Señor es justo.

–Si has vivido hasta ahora entre los yankis de Nueva Inglaterra –dijo Epps–, espero que no seas uno de esos malditos fanáticos que tanto saben de la constitución, uno de esos vendedores ambulante de relojes que intentan convencer a los negros de que huyan.

–Si estuviera en Nueva Inglaterra –le respondió Bass, diría lo mismo que digo aquí. Diría que la esclavitud es una iniquidad y que debe ser abolida. Diría que no hay nada en la ley o la constitución que permita a un hombre mantener a otro hombre en la esclavitud. Para usted sería difícil perder su propiedad, pero puede estar seguro de que no sería tan difícil como perder su libertad. Pues en justicia usted no tiene más derecho a su libertad que el Tío Abram. Se habla de piel negro, de sangre negra. Dígame, ¿cuántos esclavos hay en este pantano tan blancos como cualquiera de nosotros? ¿Hay alguna diferencia en el color del alma? ¡Ninguna! Todo el sistema es tan absurdo como cruel. Usted puede poseer sus negros y colgarlos, pero yo no lo haría ni para la mejor plantación de Louisiana.

—Se le da bien hablar, Bass; mejor que a cualquier hombre que conozca. Podría argumentar que el negro es blanco o el blanco negro si alguien le llevara la contraria. Nada puede convencerlo en este mundo, y no creo que se quede satisfecho si convence sin haber tenido la oportunidad de la réplica.

Conversaciones sustancialmente parecidas a ésta no eran inusuales entre ellos. Epps las iniciaba sobre todo con el propósito de reírse un rato a su costa, más que con la intención de discutir para llegar al corazón de la cuestión. Veía a Bass como a alguien dispuesto a hablar sólo por el placer de oírse. Tal vez como a un hombre petulante que argumentaba contra sus ideas y sus creencias simplemente por exhibir su habilidad en la argumentación.

Permaneció con Epps aquel verano y generalmente iba a Marksville cada dos semanas. Cuanto más lo observaba, más me convencía de que era un hombre en quien podía confiar. Sin embargo, mi mala suerte anterior me había enseñado a ser extremadamente cauteloso. No estaba entre mis atribuciones hablar con un hombre blanco excepto cuando se dirigía a mí, pero no perdí ninguna oportunidad de acercarme a él, y me esforzaba por atraer su atención sin cesar y en todo momento. Corría la primera quincena de agosto y estábamos trabajando solos en la casa. Los restantes carpinteros habían salido y Epps estaba en el campo. Evidentemente, era la ocasión propicia de abordar el tema y decidí hacerlo, y someterme a cualquier consecuencia que pudiera sobrevenir. Estábamos muy enfrascados en el trabajo de la tarde, cuando me detuve de repente y le dije:

—Señor Bass, me gustaría saber de qué parte del país procede usted.

–¿Por qué se le ha ocurrido eso, Platt? –me respondió–. Aunque se lo dijera, no sabría a qué me refiero –y al cabo de unos instantes, añadió–: Nací en Canadá. Adivine por dónde cae.

–Oh, ya sé dónde está Canadá –le dije–. He estado allí.

–Sí, ya me imaginaba que conocía muy bien ese país –comentó, riendo con incredulidad.

–Tan cierto como que estoy vivo, señor Bass –me respondió–: He estado allí. Estuve en Montreal, en Kingston y en Queenston, y otros muchos lugares de Canadá, y también en el estado de Nueva York, y en Buffalo y Rochester, y en Albany, y le puedo decir los nombres de todos los pueblos del canal de Erie y del canal de Champlain.

Bass se volvió y me miró largo rato sin pronunciar palabra.

–¿Cómo llegaste hasta aquí? –me preguntó al fin.

–Señor Bass –respondí–, si hubiera justicia, nunca habría llegado aquí.

–Pero bueno, ¿qué es esto? –me dijo–. ¿Quién eres? Está claro que has estado en Canadá porque yo conozco todos los lugares que has mencionado. ¿Cómo viniste a parar a este lugar? Vamos, cuéntamelo todo.

–No tengo amigos aquí en los que poder confiar –fue mi respuesta–. Tengo miedo de contárselo, aunque me parece que no se lo repetirá al señor Epps.

Él me aseguró con toda seriedad que mantendría cada palabra que le contara en el más profundo secreto. Evidente sentía una enorme curiosidad. Le dije que era una historia larga y me tomaría algún tiempo referírsela. Le dije que Epps estaría pronto de regreso, pero que si estaba de acuerdo en verme esa noche cuando todos estuvieran durmiendo, se lo contaría. Consintió de inmediato, me citó en el edificio donde estábamos trabajando en ese momento, y me dijo que lo encontraría allí. Cerca de la medianoche, cuando todo estaba tranquilo y silencioso, salí con cautela de mi cabaña y entré sigilosamente el edificio en construcción. Allí lo encontré.

Después de pedirle más garantías de que no me entregara, inicié el relato de la historia de mi vida y desgracias. Estaba profundamente interesado y me hacía numerosas preguntas sobre los lugares y los sucesos. En cuanto acabé mi historia, le rogué que escribiera a algunos de mis amigos en el Norte para informarles sobre mi situación y pedirles que remitieran comunicados a la prensa libre o tomaran las medidas que consideraran adecuadas para acelerar mi liberación. Me prometió hacerlo, pero me advirtió del peligro que entrañaban esas acciones si nos descubrían, y me insistió en la necesidad de mantener un estricto silencio y secreto. Antes de separarnos preparamos nuestro plan de operaciones.

Nos citamos para vernos la noche siguiente en un punto entre los prados altos del pantano, a cierta distancia de la vivienda del amo. Allí anotó en un papel los nombres y las direcciones de varias personas, viejos amigos del Norte, a los que encabezaría varias cartas durante su inmediata visita a Marksville. No consideramos prudente volver a reunirnos en la casa en construcción, porque necesitábamos luz y nos podían descubrir. En el transcurso del día me las arreglé para conseguir en la cocina una cerillas y un cabo de vela sin ser visto en un momento en que Tía Phebe había salido. Bass tenía lápiz y papel en su caja de herramientas.

A la hora convenida nos encontramos a orillas del pantano, y mientras me arrastraba entre las altas hierbas, encendí la vela mientras que él sacaba lápiz y papel y se preparó para anotar. Le di los nombres de William Perry, Cephas Parker y el juez Marvin, todos de Saratoga Springs, en el condado de Saratoga, Nueva York. Este último me había empleado en el hotel Estados Unidos; para los primeros había realizado muchas transacciones comerciales y confiaba en que al menos uno de ellos viviera aún allí. Bass escribió cuidadosamente los nombres, y luego comentó, pensativo:

–Hace muchos años que te fuiste de Saratoga, y todos estos hombres podrían estar muertos, o podrían haberse mudado. Dices que te dieron documentos en la aduana de Nueva York. Probablemente quede un registro de ellos, y creo que estaría bien escribirles y preguntarlo.

Le di la razón y le repetí las circunstancias relacionadas con mi visita a la casa Brown y Hamilton. Nos quedamos en la orilla del pantano algo más de una hora conversando del tema que absorbía nuestros pensamientos. Ya no podía dudar de su lealtad, así que le desvelé con libertad los innumerables dolores que había soportado en silencio durante tanto tiempo. Le hablé de mi esposa y mis hijos, le mencioné sus nombres y su edad, y la indescriptible felicidad que moran en la felicidad indescriptible que daría a mi corazón verlos una vez más antes de morir. Le cogí la mano, y con lágrimas y súplicas apasionadas le pedí que me ayudara a recuperar a mi familia y la libertad. Le prometí que durante el resto de mi vida jamás me cansaría de rogar al Cielo que lo llenara de bendiciones y prosperidad. Ya recuperada la libertad, con mi salud restablecida en el seno de mi familia, no he olvidado mi promesa, ni la olvidaré nunca mientras tenga fuerzas para elevar los ojos al Cielo.

Oh, bendice su voz amable y su cabello plateado,
Y bendícelo con una larga vida, hasta que nos volvamos a encontrar.

TENNYSON

Me abrumó con protestas de amistad y lealtad y me dijo que nunca antes había sentido un interés tan profundo por el destino de nadie. Me habló de sí mismo en un tono un tanto lúgubre, como un lobo solitario, un vagabundo en el mundo, de que estaba envejeciendo, y que pronto llegaría al final de su camino en la tierra y cuando le llegara la hora final no habría amigos o familia que llorara por él o lo recordara; que a partir de aquel momento se dedicaría a lograr mi libertad y a entablar una guerra incesante contra la vergonzosa maldición de la esclavitud.

A partir de aquel día, rara vez hablamos o nos encontramos. Además, apenas mantuvo nuevas conversaciones con Epps sobre el tema de la esclavitud. Ni Epps ni ninguna otra persona blanca o negra de la plantación tuvo la más remota sospecha de que hubiera intimidad alguna o cualquier clase acuerdo secreto entre nosotros.

A menudo me preguntan con incredulidad cómo conseguí durante tantos años de convivencia diaria y constante no darles a conocer mi verdadero nombre y mi historia. La terrible lección que me enseñó Burch dejó indeleblemente grabados en mi mente el peligro y la inutilidad de afirmar que era un hombre libre. Además, ningún esclavo tenía la menor posibilidad de ayudarme, y en cambio sí existía la posibilidad de me delatara. Cuando repaso toda la corriente de mis pensamientos sobre la posibilidad de escapar durante aquellos doce años, no me extraña que siempre fuera prudente y estuviera en guardia. Habría sido una locura que proclamara mi derecho a la libertad. Eso sólo me habría llevado a que me sometieran a un escrutinio más severo, y probablemente a que me enviaran a alguna región más distante e inaccesible incluso que Bayou Boeuf. Edwin Epps era una persona que desconocía completamente los derechos de un hombre negro y además carecía de cualquier sentido natural de justicia, como yo bien sabía. Era importante, por tanto, no sólo como que no conociera mi esperanza de liberación, sino que tampoco lo supieran las personas con las que tenía más confianza para evitar que él llegara a saber algo de mi vida pasada.

La noche del sábado siguiente a nuestro encuentro en la orilla del pantano, Bass fue a Marksville. El día siguiente, domingo, los emplea en redactar las cartas en sus habitaciones. Una iba dirigida al administrador de aduanas de Nueva York, otra al juez Marvin y la tercera a los señores Parker y Perry. Esta última fue la que me llevó a la libertad. Estaba firmada con mi nombre, pero en la posdata se daba a entender que no era yo quien la había escrito. La carta demuestra que Bass se consideraba implicado en una peligrosa empresa («su vida corre peligro si lo descubren»). No vi la carta antes de su expedición al correo, pero luego obtuve una copia:

Bayou Boeuf, 15 de agosto de 1852

Señores William Perry o Cephas Parker:

Señores, ha pasado largo tiempo desde que los conocí o supe de ustedes, y no sé si viven aún en esta dirección. Deben excusar la incertidumbre con la que me dirijo a ustedes, pues se trata de una necesidad perentoria.

Nací libre, justo en la orilla del río que queda frente a la de ustedes, y estoy seguro de que me recuerdan. Ahora me han convertido en esclavo. Le ruego que me haga llegar un salvoconducto y me lo remita a Marksville, Louisiana, parroquia de Avoyelles.

Suyo affmo., *Solomon Northup*

Llegué a ser esclavo porque me llevaron enfermo a la ciudad de Washington y estuve inconsciente durante algún tiempo. Cuando recuperé la memoria, me robaron mi documentación, me pusieron grilletes y me trajeron a este Estado. Nunca he logrado contactar con nadie que escribiera para mí hasta ahora. La vida del que ha redactado esta carta corre peligro si lo descubren.

La alusión a mí mismo en el libro recientemente publicado, titulado *Una llave para La cabaña del tío Tom*, contiene la primera parte de esta carta, pero omite la posdata. Tampoco aparecen completos ni correctamente escritos los nombres de los señores a los que va dirigida. Pero como puede verse estoy tan en deuda por mi liberación a la posdata como al cuerpo de la carta.

Cuando Bass regresó de Marksville me informó de lo que había hecho. Continuamos nuestros encuentros a medianoche sin dirigirnos la palabra en todo el día, excepto lo imprescindible en el trabajo. Por su experiencia, suponía que la carta tardaría dos semanas en llegar a Saratoga, y la misma cantidad de tiempo para que nos llegara una respuesta. En seis semanas, a lo más tardar, concluiría la espera, y habría una respuesta, si la había. Hubo un gran número de contactos y conversaciones entre nosotros para asegurarnos la manera más segura y adecuada de recoger el salvoconducto. Podía suponer un peligro para él en caso de que nos detuvieran y no nos permitieran salir del estado. Aunque no habría sido una violación de la ley, provocaría una gran hostilidad entre la gente que hubiera ayudado a un hombre libre a recuperar su libertad.

Al término de las cuatro semanas regresó a Marksville, pero no había llegado ninguna respuesta. Yo estaba muy decepcionado, pero me conformé con la reflexión de que aún no había pasado el tiempo suficiente, que podía haber habido retrasos y que no podía suponer razonablemente que llegara tan pronto. Pasaron seis, siete, ocho, diez semanas, pero no llegó nada. Yo estaba enfebrecido de ansiedad cuando Bass se fue a Marksville, y apenas pude ni parpadear hasta su regreso. Finalmente la casa de mi amo se había terminado y se acercaba el momento en que Bass tenía que irse. La noche antes de su partida estaba totalmente entregado a la desesperación. Me había aferrado a él como un hombre que se ahoga se aferra al mástil flotante sin darse cuenta de que inevitablemente el barco lo arrastraría con él para siempre bajo las olas. El final glorioso que yo había imaginado para aquella angustiosa espera se estaba desmoronando como cenizas en mis manos. Sentía como si me hundiera cada vez más hondo en medio de las aguas amargas de la esclavitud, en las profundidades insondables de las que nunca podría volver a salir.

El generoso corazón de mi amigo y benefactor sintió lástima al ver mi angustia. Trató de animarme y me prometió volver la víspera de Navidad, y si se le ocurría algo en el ínterin, daría algún otro paso para llevar a cabo nuestro plan. Me exhortó a mantener el ánimo porque él no cejaría en sus continuos esfuerzos por seguir adelante, y me aseguró, en el tono más serio e impresionante, que mi liberación sería el principal objeto de sus pensamientos.

En su ausencia, el tiempo pasó sin duda muy despacio. Miraba pasar el tiempo hacia la Navidad con una ansiedad y una impaciencia enormes. Ya había renunciado a la esperanza de recibir una respuesta a las cartas. Quizá las habían interceptado, o la dirección no era correcta. Tal vez los receptores en Saratoga, a los que iban dirigidas, habían muerto, o tal vez sus actividades los mantenían tan ocupados que no consideraban que el destino de un hombre oscuro, de un infeliz negro, no tenía bastante importancia como para ser tenida en cuenta. Toda mi confianza estaba centrada en Bass. La fe que tenía en él me devolvía la autoestima, y me permitía hacer frente a la marea de la decepción que me abrumaba.

Estaba yo tan del todo absorto en mi situación y mis esperanzas, que los compañeros con los que trabajaba en el campo a menudo me observaban. Patsey me preguntaba si estaba enfermo, y el Tío Abram, Bob y Wiley expresan con frecuencia su curiosidad por saber en qué podía estar siempre pensando. Pero evitaba sus preguntas con alguna evasiva, y mantuve mis deseos encerrados dentro de mi pecho.

20

Fiel a su palabra, la víspera de Navidad, justo al caer la noche, Bass llegó cabalgando a la explanada.

–¿Cómo estás? –le dijo Epps, estrechándole la mano–. Me alegro de verte.

No se habría puesto tan contento de haber sabido el objeto de su misión.

–Muy bien, muy bien –le respondió Bass–. Tenía algunos asuntos de trabajo al otro lado del pantano, y decidí venir a verlo y pasar la noche.

Epps ordenó a uno de los esclavos que se hiciera cargo de su caballo, y con grandes voces y risas pasaron juntos a la casa. No obstante, Bass me había mirado de manera significativa, como para decirme: «Contente para que nadie se dé cuenta». Eran las diez en punto de la noche y ya se habían acabado las labores del día cuando entré en la cabaña. En ese momento el Tío Abram y Bob entraron también. Me acosté sobre mi tabla y fingí que dormía.

Cuando mis compañeros cayeron en un profundo sueño, me moví sigilosamente fuera la puerta, y observé y escuché con atención por si detectaba alguna señal o sonido de Bass. Me quedé allí hasta mucho después de medianoche, pero no pude ver ni oír nada. Como sospechaba, no se atrevía a salir de la casa por temor a levantar sospechas en alguien de la familia. Juzgué, correctamente, que se levantaría temprano, como tenía por costumbre, y que esperaba tener la oportunidad de verme antes de que Epps se levantara. En consecuencia, desperté a tío Abram una hora antes de lo acostumbrado y lo envié a la casa para encender el fuego, que, en aquella época del año era uno de los deberes de Tío Abram.

También le di una fuerte sacudida a Bob y le pregunté si tenía la intención de dormir hasta el mediodía porque el amo había dicho que diera de comer a las mulas. Sabía muy bien la consecuencia de no hacer caso, así que se levantó de un salto y se fue en un abrir y cerrar de ojos a buscar forraje.

En cuando ambos se fueron, Bass entró en la cabina.

–No ha llegado ninguna carta, Platt –me dijo él.

El anuncio cayó sobre mi corazón como el plomo.

–Oh, hay que escribir de nuevo, señor Bass –lloré–. Le daré muchos nombres. No pueden estar todos muertos. Seguro que alguien tiene piedad de mí.

–No se puede –respondió Bass–. Imposible. Ya me he hecho a la idea de eso. Me temo que el jefe de la estafeta de Marksville sospecha algo porque he preguntado a menudo en su oficina. Demasiado inseguro, demasiado peligroso.

–Entonces todo ha acabado –exclamé–. Oh, Dios mío, ¿cómo puedo terminar mis días aquí?

–No van a terminar aquí –dijo– a menos que te mueras enseguida. He pensado en este asunto y he llegado a una determinación. Hay más de una forma de llevar este asunto y hay una mejor y más segura que escribir cartas. Tengo uno o dos trabajos entre manos que acabarán en marzo o abril. Para entonces tendré una considerable suma de dinero, y luego, Platt, yo mismo iré hasta Saratoga.

Apenas podía dar crédito a mis sentidos cuando las palabras salían de sus labios. Pero él me aseguró, de una manera que no daba pie a ninguna duda sobre la sinceridad de sus intenciones, que si antes no caía muerto, sin duda debía hacer ese viaje.

–He vivido en esta región el tiempo suficiente –consideró–. También puedo vivir en otro lugar. Llevo mucho tiempo pensando en volver al lugar donde nací. Estoy tan cansado de la esclavitud como tú, así que si logro tener éxito en conseguir lo que deseo aquí, será una buena acción que me gustará recordar toda mi vida. Voy a tener éxito, Platt. No me queda más remedio. Ahora déjame decirte lo que quiero. Queda poco, Epps, y no te vas a quedar atrapado aquí. Piensa en el máximo número de personas que recuerdes en Saratoga y Sandy Hill, y los alrededores. Yo buscaré una excusa para volver aquí durante el invierno para escribir sus nombres. Entonces sabré a quién buscar cuando vaya al Norte. Piensa en todos los que puedas. ¡Anímate! No caigas en la melancolía. Estoy contigo a vida o muerte. Adiós. Que Dios te bendiga –y dicho esto, salió de la cabaña a toda prisa y entró en la casa grande.

Era la mañana de Navidad, el día más feliz del año para el esclavo. Esa mañana no tenía que correr al campo con su calabaza y su bolsa para el algodón. La felicidad brillaba en los ojos y en los rostros de todos. El momento de la fiesta y el baile había llegado. Los campos de caña y algodón estaban desiertos. Ese día la ropa estaba limpia. Se adornaban con los lazos rojos, había fiestas, y alegría y risas, y todos corrían de aquí para allá. Iba a ser un día de libertad para los hijos de la esclavitud. Y así fueron felices y se divirtieron.

Después del desayuno Epps y Bass paseaban por la explanada conversando sobre el precio del algodón y sobre otros asuntos.

–¿Dónde celebran sus negros la Navidad? –preguntó Bass.

–Platt va hoy donde Tanners. Su violín está muy demandado. El Lunes donde Marshall, y la señorita Mary McCoy, de la antigua plantación de Norwood, me ha escrito una nota porque quiere que toque para sus negros el martes.

–Es un chico bastante listo, ¿verdad? –dijo Bass–. Ven aquí, Platt –añadió, mirándome al acercarme a ellos como si nunca hubiera visto nada especial en mí.

–Sí –respondió Epps, agarrando mi brazo y levantándolo–, no hay nada que le sobre. No hay un chico en el pantano que valga más. Está totalmente sano y no tiene maldad. No la tiene. No es como los demás negros, se ve enseguida que no es como ellos. La semana pasada me ofrecieron mil setecientos dólares por él.

–¿Y no aceptó? –preguntó Bass con aire de sorpresa.

–No, no lo acepté. Está endemoniadamente claro por qué. Es un trabajador que hace de todo. Puede hacer la reja de un arado o un radio nuevo para una rueda, nada que se vea a menudo. Marshall dijo que uno de sus negros lo superaba y quiso apostar, pero se lo quité de la cabeza porque el suyo era un pobre diablo.

–Yo no veo nada notable en él –observó Bass.

–Por fuera no se nota –replicó Epps–. No verá usted muy a menudo un chico que reúna tantas habilidades. Es delgado y no soporta los azotes tan bien como otros, pero tiene músculo, no se equivoque.

Bass se me acercó, me rodeó y simuló examinarme a fondo, mientras Epps no paraba de hacerle notar mis puntos destacables. Pero su visitante parecía mostrar muy poco interés por este último asunto, y en consecuencia se calló. Bass pronto se apartó, y me echó otra mirada socarrona de reconocimiento y superioridad, mientras salía rápidamene de la explanada.

Cuando se marchó conseguí un pase y salí hacia la casa de Tanner, pero no a la del Peter Tanner anteriormente mencionado, sino a la de un pariente suyo. Toqué todo el día y parte de la noche y pasé el día siguiente, domingo, en mi cabaña. El lunes crucé el pantano para ir donde Douglas Marshall con todos los esclavos de Epps, que me acompañaban, y el martes fui a la vieja mansión de Norwood, que es la tercera plantación por encima de la de Marshall, en la misma orilla del pantano.

Esta finca era propiedad de la señorita Mary McCoy, una chica encantadora de unos veinte años de edad. Era la más bella y fascinante de Bayou Bouef. Era propietaria de un centenar de esclavos para los campos, además de gran número de criados para la casa, chavales y niños pequeños. Su cuñado, que residía en la finca colindante, era su agente general. Era muy querida por todos sus esclavos, y una buena razón para ello era el agradecimiento que sentían por haber caído en manos tan bondadosa. En ninguna zona del pantano se daban tantas fiestas, y se celebraban tantos festejos como en la finca de la señorita McCoy. Tanto los viejos como los jóvenes preferían aquel lugar a cualquier otro de toda la zona para pasar las vacaciones de Navidad, porque en ningún otro lugar se montaban comidas tan deliciosas; en ningún otro lugar podían escuchar una voz que les hablara con un tono tan amable. Nadie era tan querido, nadie llenaba un espacio tan grande en los corazones de miles de esclavos como la joven señorita McCoy, el ama huérfana de la antigua finca de Norwood.

Al llegar allí, encontré a doscientos o trescientos invitados. La mesa se había montado en un gran edificio, que ella había erigido expresamente para que sus esclavos pudieran organizar sus bailes. Estaba cubierto de todas las variedades de alimentos que producía el país, y producía general asombro por ser la más asombrosa de las cenas. Se habían asado pavos, cerdos, pollos, patos y todo tipo de carnes. Cocidos, guisados o braseados, se alineaban a lo largo de toda la mesa y en las mesas auxiliares, mientras los huecos se había llenado con tartas, jaleas, y tartas heladas y pastelería variada. La joven ama dio la vuelta a toda la mesa, sonriendo y ofreciendo una palabra amable a cada uno. Parecía disfrutar enormemente de la escena.

Cuando acabó la cena, se retiraron las mesas para hacer espacio para los bailarines. Puse a punto mi violín y emprendí un aire festivo, a lo que algunos se unieron en una rápida conga, otros tocaban palmas y cantaban sus cantos sencillos y melodiosos, llenando la gran sala con la música mezclada con el sonido de la voz humana y el retumbar de innumerables pies.

Por la noche, la señora volvió y se quedó largo rato en la puerta mirándonos. Iba magníficamente vestida. Su pelo oscuro y sus ojos contrastaban intensamente con su tez clara y delicada. Su talle era fino y sus movimientos eran una combinación de dignidad y de gracia. Mientras permanecía allí, con su espléndido vestido, con su rostro animado por el contento, pensé que nunca había visto a un ser humano tan hermoso. Me recreo en la descripción de esta bella y gentil dama, no sólo porque ella me inspiró emociones de gratitud y admiración, sino porque me gustaría que el lector comprenda que no todos los propietarios de esclavos en Bayou Boeuf son como Epps, o Tibeats o Jim Burns. En muy escasas ocasiones se puede encontrar, de hecho, un buen hombre como William Ford, o un ángel de bondad como la joven señora McCoy.

El martes concluyeron los tres días de fiesta que Epps nos concedía anualmente. De regreso a casa la mañana del miércoles, mientras pasaba por la plantación de William Pierce, aquel señor me saludó y me dijo que había recibido unas líneas de Epps, a través de William Varnell, en las que me daba permiso de detenerme allí con el fin de tocar para sus esclavos aquella noche. Era la última vez que estaba destinado a ser testigo de un baile de esclavos en las costas del Bayou Boeuf. La fiesta en Pierce se prolongó hasta el alba, momento en que regresé a casa de mi amo algo cansado por la pérdida de horas de sueño, pero contento por las numerosas propinas que me habían entregado los blancos, contentos con mis actuaciones musicales.

Por primera vez en años fui yo el que se quedó dormido. Me asusté al salir de la cabaña y ver que los esclavos ya estaban en el campo. Se me habían adelantado unos quince minutos. Corrí tras ellos lo más rápido que pude sin coger mi comida ni la calabaza de agua. Aún no había salido el sol, pero Epps estaba en la explanada cuando salí de la cabaña, y me gritó que era una hora muy tardía de levantarse. Mi hilera había tenido que hacer un esfuerzo extra cuando salió después de desayunar. Pero no había excusa para el delito de exceso de sueño. Me desnudé, me tumbé y él me dio unos quince latigazos. Cuando acabó, me preguntó si pensaba que después de aquello podría conseguir levantarme en algún momento de la mañana. Le contesté que sí como pude y, con la espalda rabiando de dolor, me fui a mi trabajo.

Al día siguiente, que era domingo, mis pensamientos se dirigían a Bass y a las posibilidades y esperanzas que dependían de su acción y su determinación. Consideré las incertidumbres de la vida, y pensé que si moría por la voluntad de Dios, mi perspectiva de ser liberado y toda la esperanza la felicidad de este mundo quedarían totalmente anuladas y destruidas. Quizás el dolor de mi espalda determinaba mi tendencia a la melancolía. Me sentí desanimado y triste todo el día, y cuando me acosté en el duro tablón aquella noche, mi corazón estaba agobiado con una carga tal de dolor, que parecía que iba a romperse.

Un lunes por la mañana, el tercero de enero de 1853, estábamos trabajando en el campo. Era una fría mañana, como es habitual en esa región. Yo iba delante, Tío Abram a mi lado, y detrás de él Bob, Patsey y Wiley con nuestras bolsas de algodón alrededor del cuello. A Epps se le ocurrió (cosa rara en él) salir por la mañana sin su látigo. Maldijo, de una manera que avergonzaría a un pirata, y aseguró que no estábamos haciendo nada. Bob se aventuró a decir que tenía los dedos tan entumecidos por el frío que no podía recoger con rapidez. Epps se maldijo a sí mismo por no haber llevado su fusta, y declaró que en cuanto volviera nos iba a calentar a fondo. Sí, que nos dejaría más calientes que si estuviéramos en ese reino de fuego en el que quiero creer que él va a atener su residencia.

Con estas fervorosas expresiones, nos dejó. En cuanto salió, comenzamos a hablar entre nosotros para comentar lo difícil que resultaba estar al día con nuestro cupo con los dedos entumecidos. El amo no era razonable, y hablamos de él en términos poco amables. Nuestra conversación fue interrumpida por un coche de caballos que avanzaba rápidamente hacia la casa. Al levantar la vista, vimos a dos hombres que se nos acercaban atravesando el campo de algodón.

Como he llegado al punto de la narración en que concluían las últimas horas perdidas en Bayou Boeuf, mi última recolección de algodón y estaba a punto de despedirme del amo Epps, debo rogar al lector que regrese conmigo al mes de agosto para seguir a la carta de Bass en su largo viaje hacia Saratoga y desvelar el efecto que produjo. Porque mientras yo permanecía triste y desesperado en la cabaña de esclavos de Edwin Epps, la amistad de Bass y la bondad de la Providencia trabajaron juntas por mi liberación.

21

Estoy en deuda con el señor Henry B. Northup y con otros tantos por muchas de las indicaciones contenidas en este capítulo.

La carta que escribió Bass a Parker y Perry, y depositada en la estafeta de correos de Marksville el día 15 de agosto de 1852, llegó a Saratoga a primeros de septiembre. Algún tiempo antes, Anne se había mudado a Glens Falls, en el condado de Warren, donde estaba a cargo de la cocina del hotel Carpenter. Cuidaba de la casa y de nuestros hijos, pero estaba ausente durante el tiempo en que desempeñaba sus funciones en el hotel.

Al recibir la carta, Parker y Perry la remitieron de inmediato a Anne. Al leerla, los niños se quedaron entusiasmados, y sin demora corrieron a la vecina localidad de Sandy Hill para consultar a Henry B. Northup y obtener su asesoramiento y asistencia en la materia.

Tras estudiar el asunto, ese señor encontró entre los estatutos del Estado una ley que prevé la recuperación de ciudadanos libres que han sido esclavizados. Está fechada el 14 de mayo de 1840, y se titula «Acta para proteger con eficacia a los ciudadanos libres de este Estado de ser secuestrados o reducidos a la esclavitud». Se establece que será deber del gobernador quien, al recibir información satisfactoria sobre cualquier ciudadano o habitante de este estado libre retenido injustamente en otro estado o territorio de Estados Unidos, con la pretensión o alegación de que dicha persona es un esclavo por el color, por la costumbre o por el derecho de ese estado, tome medidas para procurar el restablecimiento de la libertad de dicha persona como lo considere necesario. Y con ese fin, está facultado para nombrar y emplear un agente, al que se le facilitarán las dichas credenciales e instrucciones necesarias para conseguir el objetivo de su nombramiento. Se requiere que el agente designado proceda a recopilar las pruebas adecuadas para determinar el derecho de esa persona a su libertad. Podrá realizar tales viajes, adoptar tales medidas, llevar a cabo tal procedimiento, etc., y cuanto sea necesario para devolver a dicha persona a este estado, y los cargos y los gastos derivados de la ejecución de estas acciones se cargarán a los fondos destinados a ello en la tesorería.

Había que establecer dos hechos a satisfacción del gobernador: En primer lugar, que yo era un ciudadano libre de Nueva York, y en segundo lugar, que me retuvieron ilegalmente como esclavo. En cuanto al primer punto, no hubo dificultad, pues todos los habitantes de más edad de las proximidades estaban dispuestos a dar testimonio de ello. El segundo punto se basó totalmente en la carta a Parker y Perry, escrita por una mano desconocida, y en la carta escrita a bordo del bergantín Orleans, que, por desgracia, se había extraviado.

Se preparó un memorándum dirigido a su excelencia, el gobernador Hunt, exponiendo mi matrimonio, mi viaje a la ciudad de

Washington y la recepción de las cartas, que yo era un ciudadano libre, y cualesquiera otro hecho que se consideró de importancia, y fue firmado y compulsado por Anne. Acompañaban a este memorándum varias declaraciones juradas de ciudadanos eminentes de Sandy Hill y Fort Edward que corroboraban plenamente las declaraciones que contenía, y también una petición de varios caballeros bien conocidos por el gobernador para que Henry B. Northup fuera el agente designado en virtud del acto legislativo.

Al leer el memorándum y las declaraciones juradas, su excelencia sintió un vivo interés por el asunto, y el día 23 de noviembre de 1852, con sello del Estado, se nombraba y empleaba al licenciado Henry B. Northup agente con plenos poderes para llevar a cabo la devolución de mi persona, y para adoptar las medidas que tuvieran más probabilidades de lograrlo, y le dio instrucciones para viajar a Louisiana con la mayor celeridad posible.

El carácter urgente de los compromisos profesionales y políticos del señor Northup retrasó su salida hasta diciembre. En el día 14 de ese mes dejó Sandy Hill y viajó a Washington. Los exceletísimos Pierre Soulé, senador en el Congreso de Louisiana; Conrad, secretario de Guerra, y el Juez Nelson, de la Corte Suprema de los Estados Unidos, después de oír una exposición de los hechos y de examinar los datos y las copias certificadas del memorándum y las declaraciones juradas, le entregaron cartas para las autoridades de Louisiana, instando encarecidamente su asistencia en el cumplimiento del objeto de su nombramiento.

El senador Soule se mostró especialmente interesado por el asunto, e insistió, en un tono apremiante, que era el deber y la obligación de todo plantador del Estado ayudar en la restauración de mi libertad, y confió en los sentimientos de honor y justicia de todos los ciudadanos de la comunidad para que intervinieran en mi ayuda. Después de obtener estas valiosas cartas, el señor Northup regresó a Baltimore, y viajó de allí a Pittsburgh. Su primera intención, por consejo de sus amigos en Washington, fue ir directamente a Nueva Orleans y consultar a las autoridades de esa ciudad. Sin embargo, providencialmente, al llegar a la desembocadura de Red River, cambió de opinión. De haber seguido adelante, no se habría encontrado con Bass, en cuyo caso mi búsqueda probablemente habría sido infructuosa.

Tomó un pasaje en el primer vapor y siguió hasta Red River, un río sinuoso y lento que fluye a través de una vasta región de bosques ancestrales y pantanos impenetrables, y casi totalmente deshabitado. Eran casi las nueve en la mañana del 1 de enero de 1853 cuando lo dejó el vapor en Marksville, y se encaminó directamente a Marksville Court House, un pueblo a seis kilómetros hacia el interior.

Supuso que yo estaba en ese lugar o en sus inmediaciones por el hecho de que la carta a los señores Parker y Perry se envió desde Marksville. Al llegar allí, puso de inmediato su asunto en conocimiento del señor John P. Waddill, un caballero distinguido y un hombre de bien regido por los impulsos más nobles. Después de leer las cartas y los documentos que le presentaron, y de oír una relación de las circunstancias en que me habían tomado cautivo, el señor Waddill ofreció también sus servicios y participó en el asunto con gran celo y entusiasmo. Él, y otros de carácter tan elevado como el suyo, aborrecían los secuestros. Su fortuna personal dependía de clientes que eran propietarios de esclavos y no de las buenas prácticas con que se hubiera producido la venta de los esclavos, pero él era un hombre en cuyo corazón las injusticias despertaban un sentimiento de indignación.

Aunque Marksville ocupa una importante posición, y aparece destacada en cursivas, impresas en el mapa de Louisiana, no es, de hecho, más que una pequeña e insignificante población. Aparte de la cantina, regentada por un tabernero alegre y generoso, el palacio de Justicia, habitado por vacas y cerdos fuera de la ley en las temporadas de inacción, y una alta horca, con su cuerda balanceándose en el aire, poco hay que atraiga la atención del forastero.

El señor Waddill nunca había oído mencionar el nombre de Solomon Northup, pero se mostró confiado en que si había un esclavo que se llamara así en Marksville o en sus alrededores, su negrito Tom lo conocería. Así que llamó a Tom, pero entre todo su extenso círculo de conocidos no existía tal personaje.

La carta a Parker y Perry fue sellada en Bayou Boeuf. Concluyeron que, por tanto, debían buscarme allí. Pero esa certeza implicaba una gran dificultad. El punto más cercano de Bayou Boeuf estaba a treinta y siete kilómetros de distancia, y la región que llevaba ese nombre se extiende a lo largo de entre ochenta y ciento sesenta kilómetros a ambos lados del río. En sus costas residían miles y miles de esclavos porque a causa de la extraordinaria riqueza y fertilidad de la tierra gran número de plantadores se habían instalado allí. La información que daba la carta era tan vaga e inconcreta que hacía difícil decidir qué había que hacer. A pesar de todo, finalmente decidieron que el único plan con alguna posibilidad de éxito era que Northup y el hermano de Waddill, un aprendiz que trabajaba en la oficina de este último, partieran hacia los pantanos y los recorrieran en toda su longitud preguntando por mí en cada plantación. El señor

Waddill les prestó su carro y todo quedó arreglado para que empezaran el viaje la madrugada del lunes.

Enseguida se verá que este viaje, con toda probabilidad, habría sido un fracaso porque ellos no podían recorrer todos los campos y observar todas las cuadrillas mientras trabajaban. No sabían que todos me llamaban Platt, y aunque le hubieran preguntado al mismísimo Epps, habría manifestado sin mentir que no sabía nada de Solomon Northup.

Una vez adoptada aquella disposición, no había nada más que hacer a lo largo de aquel domingo. La conversación entre los señores Northup y Waddill en el transcurso de aquella tarde se centró en la política de Nueva York.

–Casi no puedo comprender las principales diferencias y matices entre los partidos políticos del Estado –observó el señor Waddill–. He leído sobre las líneas soft shell y hard shell respecto al esclavismo, sobre los hunkers y los barnburners, sobre los woolly heads y los silver grays, y soy incapaz de distinguir la diferencia exacta entre ellos. ¿Podría explicármelo?

El señor Northup rellenó su pipa y se enfrascó en una elaborada explicación sobre el origen de las distintas facciones, para concluir diciendo que había otra tendencia en Nueva York, conocida como free soilers o abolicionistas.

–Supongo que no se ha visto ninguno en esta parte del país, ¿no es así? –comentó el señor Northup.

–Nunca, ni uno –respondió Waddill, entre risas–. En Marksville sólo tenemos a un tipo excéntrico que predica el abolicionismo de forma tan vehemente como cualquier fanático del Norte. Es un hombre generoso, pacífico, pero siempre defiende los argumentos minoritarios. Resulta muy entretenido. Es un excelente trabajador y se ha vuelto casi indispensable en esta comunidad. Es carpintero. Se llama Bass.

La conversación proseguía hablando de las peculiaridades de Bass, cuando Waddill cayó de pronto en un estado de ánimo reflexivo, y preguntó de nuevo por la misteriosa carta.

–Déjeme verla. ¡Dé-je-me-ver-la! –repitió, pensativo mientras ojeaba una vez más la carta. Bayou Boeuf, 15 de agosto. 15 de agosto pone aquí el que me escribió. ¿Dónde estaba trabajando Bass el verano pasado? –preguntó, volviéndose de pronto hacia su amigo.

Su interlocutor no lo sabía, pero salió de la oficina y regresó enseguida con la información de que Bass había trabajado el verano anterior en algún lugar de Bayou Boeuf.

–Es nuestro hombre –dijo dando un enfático manotazo a la mesa–. Él nos puede informar sobre Solomon Northup –exclamó Waddill.

Buscaron inmediatamente a Bass, pero no lo pudieron encontrar. Después de una breve investigación, les informaron de que estaba en la zona de Red River. Se agenciaron un medio de transporte, y el joven Waddill y Northup no tardaron en recorrer los pocos kilómetros hasta allí. A su llegada, se encontraron con Bass, justo en el preciso momento en que estaba a punto de dejar la región un par de semanas o más. Después de una breve presentación, Northup le rogó que aceptara hablar con él en privado unos momentos. Pasearon hacia el río mientras mantenían la siguiente conversación:

–Señor Bass –le dijo Northup–, ¿me permite preguntarle si usted estaba en Bayou Boeuf el pasado mes de agosto?

–Sí, señor, yo estaba allí en agosto –fue su respuesta.

–¿Escribió usted una carta en nombre de un hombre de color dirigida a un caballero de Saratoga Springs?

–Discúlpeme, señor, pero creo que eso no es de su incumbencia –respondió Bass, deteniéndose y mirando inquisitivamente a su interrogador a la cara.

–Tal vez me he apresurado un poco, señor Bass, y le ruego que me perdone, pero he venido desde el Estado de Nueva York para cumplir la petición del autor de una carta fechada el 15 de agosto y sellada en Marksville. Las circunstancias me han llevado a pensar que usted es tal vez el hombre que la escribió. He venido en busca de Solomon Northup. Si acaso lo conoce, le ruego que me comunique con franqueza dónde está, y le aseguro que no divulgaré el origen de cualquier información que me puede dar, si usted así lo desea.

Durante largo rato Bass escrutó los ojos de su nuevo amigo sin despegar los labios. Parecía albergar la duda de que lo estuvieran engañando. Finalmente, dijo con resolución:

–No he hecho nada de lo que deba avergonzarme. Soy la persona que escribió la carta. Si ha venido a rescatar a Solomon Northup, me alegro de verlo.

–¿Cuándo fue la última vez que lo vio, y dónde está? –preguntó Northup.

–Lo vi las navidades pasadas, hace una semana. Es esclavo de Edwin Epps, un plantador de Bayou Boeuf, cerca Holmesville. No se lo conoce como Solomon Northup. Lo llaman Platt.

Se había desvelado el secreto. El misterio quedaba desentrañado. Por entre las densas nubes negras, en medio de aquella oscuridad y aquellas tristes sombras en las que me introduje hacía doce años, se abrió paso la estrella que fue para mí la luz de mi renovada libertad. Toda la desconfianza y las dudas fueron arrojadas a un lado y los dos hombres conversaron larga y libremente sobre el tema que ocupaba sus pensamientos. Bass manifestó el interés que se había tomado por mi caso y su intención de viajar al Norte en primavera. Declaró que había resuelto llevar a cabo mi liberación si estaba en sus manos. Describió cómo se produjeron nuestros primeros encuentros y cómo nos fuimos conociendo y escuchó con emocionada curiosidad lo que le contaron de mi familia y la historia de mi juventud. Antes de separarse, les dibujó con tiza roja un mapa de los pantanos en una tira de papel para situarles la localización de las plantaciones de Epps y el camino más directo para llegar allí.

Northup y su joven acompañante regresaron a Marksville, donde determinaron iniciar un procedimiento judicial para demostrar mi derecho a la libertad. Me declararon demandante y mi representación la llevaba el señor Northup. Edwin Epps era el demandado. El proceso tenía que seguir un procedimiento legal, se dirigía al sheriff de la parroquia ordenándole que me retuviera en custodia hasta el fallo del tribunal. Se dieron todos los pasos previos, pero eran ya las doce de la noche, demasiado tarde para obtener la firma del juez, que residía a cierta distancia de la ciudad. Por lo tanto, los restantes asuntos se suspendieron hasta el lunes por la mañana.

Todo iba aparentemente a las mil maravillas, cuando el domingo por la tarde Waddill llamó a la habitación de Northup para expresarle su temor ante determinadas dificultades imprevistas. Bass se había alarmado, había puesto sus asuntos en manos de una persona de la zona y le había comunicado su intención de abandonar el Estado. Esa persona había traicionado parcialmente la confianza depositada en él y un rumor comenzó a extenderse por el pueblo: que el forastero del hotel había sido visto en compañía de abogado Waddill, y que a este forastero se le había visto con un viejo esclavo de Epps en el pantano. Epps era conocido en Marksville, y visitaba con frecuencia ese lugar durante las sesiones de los tribunales. El acompañante y asesor del señor Northup temía que la noticia le llegara a Epps aquella noche, dándole así la oportunidad de hacerme desaparecer en secreto antes de que llegara el sheriff.

Esta posibilidad tuvo el efecto de acelerar considerablemente el asunto. Le pidieron al sheriff, que vivía apartado del pueblo, que se mantuviera preparado para actuar inmediatamente después de medianoche, mientras informaron al juez que sería requerido más o menos a la misma hora. Es de justicia decir que las autoridades de Marksville prestaron de buena gana toda la asistencia que estaba a su alcance.

Poco después de medianoche, tan pronto como se elaboraron los documentos legales y el juez los firmó, un carruaje conducido por el hijo del propietario salió rápidamente del pueblo de Marksville para llevar al señor Northup y al sheriff a Bayou Boeuf.

Northup imaginó que Epps se resistiría a reconocer mi derecho a la libertad, y por eso requirió el testimonio del sheriff, que podría describir aquel primer encuentro, que tal vez podía ser importante en el juicio. Por consiguiente, preparó durante el viaje una serie de preguntas acordadas que el sheriff debía plantearme, como el número y los nombres de mis hijos, el nombre de mi esposa antes del matrimonio, los lugares que conocía en el Norte, y otras similares. Si mis respuestas se correspondían con las declaraciones que le habían entregado, la evidencia debía necesariamente considerarse concluyente.

Por fin, poco después de Epps dejara el campo, con la seguridad tranquilizadora de que no tardaría en regresar para calentarnos, como ya contamos en la conclusión del capítulo anterior, ellos llegaron a las lindes de la plantación y nos vieron trabajando. Bajaron del carruaje y le ordenaron al conductor que siguiera hasta la casa grande con instrucciones de no mencionar a nadie el objeto de su misión hasta que ellos llegaran. Northup y el sheriff se apartaron del camino y se acercaron a nosotros atravesando el algodón campo. Al elevar la vista los vimos llegar desde unos metros de distancia. Era algo inusitado y extraño ver a hombres blancos acercarse a nosotros de aquella manera, y más aún a aquella hora tan temprana de la mañana. El Tío Abram y Patsey hicieron algunas observaciones que expresaban su asombro. El sheriff se aproximó a Bob y le preguntó:

–¿Dónde está el que llaman Platt?

–Ahí está, señor –contestó Bob señalándome con el sombrero.

Me pregunté que asuntos podía requerir de mí, me volví y lo miré fijamente hasta que él se acercó a un paso de distancia. Durante mi larga estancia en el pantano me había familiarizado con el rostro de los plantadores en muchas millas a la redonda, pero aquel hombre era un completo extraño. Estaba seguro de que nunca lo había visto antes.

–Su nombre es Platt, ¿verdad? –me preguntó.

–Sí, señor –le respondí.

Apuntando hacia Northup, que permanecía a pocos metros de distancia, me interrogó:

–¿Sabe quién es ese hombre?

Miré en la dirección indicada, y en cuanto mis ojos se posaron en su rostro, un mundo de imágenes se agolpó en mi cerebro. Una multitud de rostros familiares: Anne, mis queridos hijos, mi anciano padre ya fallecido, todos los escenarios y conocidos de la infancia y la juventud, todos los amigos de los pasados días felices, aparecían y desaparecían, revoloteaban, flotaban y se disolvían entre las sombras hasta que la imagen llegó a mi cerebro, hasta que por fin me llegó el recuerdo nítido de aquel hombre, y elevando las manos al cielo, exclamé, con el tono más alto que pude extraer en aquel momento de emoción:

–¡Henry B. Northup! ¡Alabado sea Dios, alabado sea Dios!

Al instante comprendí el asunto y sentí que la hora de mi liberación estaba cercana. Me dirigí hacia él, pero el sheriff se interpuso.

–Espere un momento –me dijo–. ¿Tiene usted algún otro nombre, Platt?

–Mi nombre es Solomon Northup, señor –le contesté.

–¿Tiene usted familia? –preguntó.

–Tenía esposa y tres hijos.

–¿Cuáles eran los nombres de sus hijos?

–Elizabeth, Margaret y Alonzo.

–¿Y el nombre de soltera de su esposa?

–Anne Hampton.

–¿Quién los casó?

–Timothy Eddy, de Fort Edward.

–¿Dónde vive este caballero? –le dijo apuntando de nuevo a Northup, que no se había movido del lugar donde lo había reconocido al principio.

–Vive en Sandy Hill, en el condado de Washington, Nueva York –fue mi respuesta.

Se preparaba ya para hacerme más preguntas, cuando me adelanté y pasé junto a él, incapaz ya de contenerme por más tiempo. Tomé las manos de mi viejo amigo. No podía hablar. No podía contener las lágrimas.

–Sol –dijo al fin–, me alegro de verte.

Intenté elaborar alguna respuesta, pero la emoción que me embargaba ahogaba toda palabra y me quedé en silencio. Los esclavos, completamente confusos, contemplaban la escena con la boca abierta y los ojos en blanco, admirados y asombrados. Durante diez años había vivido entre ellos, en el campo y en la cabaña, sufriendo las mismas dificultades, compartiendo la misma comida, mezclado mis penas con las de ellos, participando en las mismas escasas alegrías, y sin embargo, hasta aquel momento, la última vez que permanecería entre ellos, no tuvieron la más mínima sospecha sobre mi verdadero nombre, ni el más mínimo conocimiento de mi historia verdadera. Siempre me consideraron como uno más entre ellos.

No se dijo una palabra durante algunos minutos, durante los cuales me aferrba a Northup y lo miraba a la cara, temeroso de despertar y descubrir que todo había sido un sueño.

–Tira ese saco –dijo finalmente Northup–. Tus días de recolectar algodón han acabado. Ven con nosotros y recupera tu libertad.

Le obedecí y me dirigí entre él y el sheriff hacia la casa grande.

A los pocos pasos recuperé el habla lo suficiente para preguntar si mi familia estaba bien. Me informó de que había visto a Anne, Margaret y Elizabeth poco tiempo antes; que Alonzo también estaba vivo y que todos estaban bien. A mi madre, sin embargo, nunca la volvería a ver. Cuando me empecé a recuperar un poco de aquella repentina y enorme emoción, me sentí flojo y débil, tanto, que me costaba mantenerme de pie. El sheriff me cogió del brazo y me ayudó, porque si no, creo que me habría desplomado. Cuando entramos en la explanada, Epps estaba junto a la puerta conversando con el conductor. El joven, obediente a las instrucciones recibidas, le había dicho que no podía responder a sus repetidas preguntas sobre qué ocurría. En el momento de nuestra llegada estaba casi tan sorprendido y perplejo como Bob o el Tío Abram.

Le dio la mano al sheriff y fue presentado al señor Northup. Los invitó a entrar en la casa al tiempo que me ordenaba llevar un poco de leña. Tardé un rato en conseguir cortar una brazada. Inexplicablemente, había perdido la facultad de usar el hacha con alguna precisión. Cuando al fin entré, la mesa estaba cubierta de papeles y Northup leía uno de ellos. Probablemente ya no necesitaban la leña, pero coloqué los maderos sobre el fuego y fui extremadamente cuidadoso en situar cada uno en la posición exacta. Oí las palabras «el mencionado Solomon Northup» y «el declarante dice más adelante» y «ciudadano libre de Nueva York», que se repetía con frecuencia, y a partir de esas expresiones comprendí que el secreto que había ocultado durante tanto tiempo al amo y al ama Epps, finalmente se había descubierto. Me quedé todo el tiempo que la prudencia permitía, y ya estaba a punto de salir de la habitación, cuando Epps preguntó:

—Platt, ¿conoces a este señor?

—Sí, señor –le contesté–, lo conozco de toda la vida.

—¿Dónde vive?

—Vive en Nueva York.

—¿Alguna vez has vivido allí?

—Sí, maestro, nací y me crié allí.

—Luego eras libre. Pues entonces, endemoniado negrata –exclamó–, ¿por qué no me lo dijiste cuando te compré?

—Amo Epps –respondí, en un tono ya algo diferente del que solía usar para dirigirme a él–: Amo Epps, usted no se tomó la molestia de preguntarme, y además yo se lo había contado a uno de mis amos, el hombre que me secuestró, y me azotó casi hasta la muerte por decirlo.

—Parece que han enviado una carta escrita en su nombre por alguien. ¿Por quién? –me preguntó con tono autoritario. No respondí.

—Te he preguntado quién escribió la carta –insistió.

—Quizá la escribí yo mismo –le dije.

—No has ido la estafeta de Marksville y vuelto en un día, lo sé.

Insistió en que lo informara, y yo insistí en que no lo haría. Amenazó con vehemencia al hombre, fuera quien fuese, y dio a entender que una terrible y sangrienta venganza caería sobre él en cuanto lo descubriera. Todas sus maneras y su lenguaje expresaban un sentimiento de ira hacia la persona desconocida que había escrito la carta en mi nombre, y su mal humor se acrecentaba ante la idea de perder su propiedad. Se dirigió al señor Northup y le juró que sólo con que hubiera recibido la noticia de su llegada una hora antes, él le habría ahorrado la molestia de llevarme de regreso a Nueva York, porque él me habría llevado al pantano o a algún otro lugar alejado del camino, donde ningún sheriff de la tierra habría dado conmigo.

Salí a la explanada y entraba por la puerta de la cocina, cuando algo me golpeó en la espalda. Tía Phebe, que salía por la puerta trasera de la casa grande con una cacerola de patatas, me había lanzado una con gran fuerza para darme a entender que deseaba hablar en secreto un momento conmigo. Corrió hacia mí y me susurró al oído con gran seriedad:

–¡Por Dios, Platt, ¿qué pasa? Esos dos hombres que han venido contigo… Le dicen al amo que eres un hombre libre, que tienes esposa y tres niños en el sitio de donde tú vienes. ¿De dónde vienes? Estás loco si crees que podrás irte. Ojalá pudieras irte –la tía Phebe no paraba de hablar atropelladamente.

En ese momento la señora Epps hizo su aparición en la cocina. Me dijo muchas cosas y me preguntó por qué no le había dicho quién era. Me expresó su pesar, me dijo que habría preferido perder a cualquier otro esclavo de la plantación. Si ese día Patsey hubiera estado en mi lugar, mi ama habría enloquecido de alegría. Ya no le quedaba nadie que pudiera arreglar una silla o un mueble, nadie que le fuera de alguna utilidad en la casa, nadie que le tocara el violín, y el ama Epps al decir estas cosas lloraba.

Epps llamó a Bob para que le ensillara su caballo. También los otros esclavos, superado el miedo al castigo, habían dejado su trabajo y llegaban a la explanada. Estaban detrás de las cabañas, fuera del alcance de la vista de Epps. Me hacían señas para que me acercara, y espoleados por la curiosidad, enormemente excitados, hablaban y me interrogaron. Si pudiera repetir las palabras exactas que me dijeron y con el mismo énfasis… si pudiera pintar sus actitudes y la expresión de sus rostros… Pintaría un cuadro interesante. Desde su punto de vista, había ascendido de repente a una altura inconmensurable, me había convertido en un ser de enorme importancia.

Una vez entregada la documentación legal y cerrado con Epps su encuentro para el día siguiente en Marksville, Northup y el sheriff entraron en el carruaje para volver al pueblo. Cuando ya estaba a punto de montar en el pescante, el sheriff me dijo que debía despedirme de señor y la señora Epps. Volví corriendo a la explanada donde se encontraban, me quité el sombrero y dije:

–Adiós, señora.

–Adiós, Platt –dijo la señora Epps amablemente.

–Adiós, amo.

–Vete al infierno, negrata –murmuró Epps en tono airado y sarcástico–. No te hagas ilusiones, no te has ido todavía. Voy a solucionar este asunto mañana en Marksville.

Yo sólo era un «negrata» y sabía cuál era mi lugar, pero sentía las heridas tanto como un hombre blanco, y aunque no me atreví, me habría gustado darle una patada de despedida. De vuelta hacia el carruaje, Patsey salió corriendo desde detrás de una cabaña y me echó los brazos al cuello.

–¡Oh, Platt! –gritó ella gritó con lágrimas corriendo por su rostro–, te vas para ser libre. Te vas muy lejos y ya no te veremos nunca más. Me has ahorrado muchos latigazos, Platt, y me alegro de que te vayas y seas libre, pero, oh Señor, oh, Señor, ¿qué será de mí?

Me desprendí de ella, y entré en el carruaje. El cochero hizo restallar el látigo y empezamos a movernos. Miré hacia atrás y vi Patsey, con la cabeza baja, medio caída en el suelo de la explanada, junto a la señora Epps; tío Abram, Bob, Wiley y la tía Phebe se apostaron junto a la puerta y miraron hacia mí. Los saludé con la mano, pero el carruaje tomó una curva del pantano y los ocultó a mis ojos para siempre.

Nos detuvimos un momento en el ingenio de azúcar de Carey, donde numerosos esclavos estaban trabajando, porque los hombres del Norte sentían curiosidad por este tipo de factorías. Epps nos adelantó a caballo a toda velocidad cuando avanzábamos por el camino. Al día siguiente supimos que había ido a Pine Woods para ver William Ford, que era quien me había llevado al país.

El martes 4 de enero, Epps y su abogado, el excelentísimo E. Taylor, Northup, Waddill, el juez y el sheriff de Avoyelles, y yo mismo, nos reunimos en una sala del pueblo de Marksville. El señor Northup declaró los hechos que me afectaban y presentó su nombramiento y las declaraciones juradas que lo acompañaban. El sheriff describió la escena en el campo algodonero. También allí me interrogaron a fondo. Por último, el señor Taylor aseguró a su cliente que todo estaba en orden y que el litigio no sólo sería caro, sino completamente inútil. Siguiendo su consejo, las partes redactaron y firmaron un documento en el que Epps reconocía mi derecho a la libertad y me entregaba formalmente a las autoridades de Nueva York. También se estipuló que debía entregarse una copia en la oficina del registrador de Avoyelles.

El señor Northup y yo nos apresuramos a partir y tomamos un pasaje en el primer vapor que llegó. Pronto nos deslizábamos por el Red River, el mismo río que me había llevado hasta allí, completamente desmoralizado, doce años antes.

22

A medida que el vapor se deslizaba camino de Nueva Orleans, tal vez yo no era feliz, tal vez me resultaba demasiado fácil abstenerme de bailar alrededor de la cubierta, tal vez no me sentía todo lo agradecido que debía con el hombre que había ido a buscarme desde muchos cientos de kilómetros, tal vez no me apresuré a encenderle la pipa ni esperaba y observaba cada una de sus palabras y corría ante el menor de sus deseos. Si no lo hice, bueno, no importaba.

Permanecimos dos días en Nueva Orleans. Durante esos días localicé el punto donde se encontraba el barracón de esclavos de Freeman y la habitación donde Ford me compró. Nos encontramos a Teophilus en la calle, pero yo no creo que valga la pena reanudar relación con él. Para un ciudadano respetable como yo sólo podía parecer un tipo escandaloso y descastado, un hombre bajo y miserable, de mala reputación.

También visitamos al señor Genois, a quien iba dirigida la carta del senador Soule, y nos pareció un hombre que bien merecía su reputación de generosidad y honorabilidad. Muy amablemente, nos proporcionó una especie de salvoconducto legal, con su firma y el sello de la oficina, y como contiene copia de la descripción de mi apariencia personal, creo que no estará de más que la incluya aquí. Dice así:

Estado de Louisiana, ciudad de Nueva Orleans:
Despacho del registrador, distrito segundo

A la atención de todos los que lean la presente:

Certifico que el señor Henry B. Northup, del condado de Washington, Nueva York, se ha personado ante mí para dar fe de la libertad de Solomon, un hombre mulato, de unos cuarenta y dos años, uno sesenta de estatura, pelo crespo y ojos castaños, natural del Estado de Nueva York. Que el mencionado Northup viaja, como me asegura, hacia el lugar de origen del mencionado Solomon a través de las rutas del sur. Que solicito a las autoridades civiles que el antedicho hombre de color Solomon pase sin ser molestado, y sea tratado bien y correctamente.

Entregado bajo mi firma y sello
en la ciudad de Nueva Orleans este 7 de enero de 1853
[L. S.] TH. GENOIS, notario

El 8 llegamos en tren al lago Pontchartrain, y a su debido tiempo, siguiendo la ruta habitual, a Charleston. Después de subir a bordo del barco de vapor, y de pagar nuestro pasaje a esta ciudad, un oficial de aduanas llamó al señor Northup para que explicara por qué no había registrado a su sirviente. Él contestó que no tenía ningún sirviente y que, como agente de Nueva York, acompañaba a un ciudadano libre de ese Estado que regresaba desde la esclavitud a la libertad, y que en consecuencia no tenía la intención de hacer ningún registro. Comprendí por el diálogo y por las formas, aunque quizá puedo estar totalmente equivocado, que no harían grandes esfuerzos por evitarles dificultades a los funcionarios de Charleston. Sin embargo, después de insistir, nos permitieron continuar. Pasamos por Richmond, donde pude ver el barracón de Goodin, y llegué a Washington el 17 de enero de 1853.

Comprobamos que tanto Burch como Radburn todavía residían en esa ciudad. Inmediatamente presentamos una denuncia a un magistrado de la policía de Washington contra James H. Burch, por secuestrarme y venderme como esclavo. Fue arrestado por una orden emitida por el juez Goddard, llevado ante el juez Mansel, y allí se le impuso una fianza de tres mil dólares. Cuando fue arrestado, Burch estaba muy afectado y parecía aterrado y alarmado, y antes de llegar a la sala de justicia en Louisiana Avenue, y antes incluso de conocer la naturaleza exacta de la querella, le rogó a la policía que le permitiera consultar a Benjamin O. Shekels, un conocido tratante de esclavos de diecisiete años, su antiguo socio. Este último se hizo cargo del pago para su libertad bajo fianza.

A las diez de la mañana del 18 de enero ambas partes comparecieron ante el magistrado. El senador Chase, de Ohio, el excelentísimo Orville Clark, de Sandy Hill y el señor Northup actuaron como partes de la acusación, y Joseph H. Bradley de la defensa.

Convocaron al general Clark Orville, que juró como testigo y declaró que me conocía desde la infancia y que yo era un hombre libre, como lo fue mi padre antes que yo. Seguidamente el señor Northup testimonió en la misma dirección, y dio fe de los hechos relacionados con su misión de Avoyelles. Ebenezer Radburn fue testigo de la acusación. Testificó que tenía cuarenta y ocho años, que residía en Washington y conocía a Burch desde hacía catorce años, que en 1841 era guardia de la cárcel-barracón para esclavos de Williams, que recordaba mi encierro en aquella cárcel ese año. El abogado del acusado admitió que Burch me había encerrado en la cárcel-barracón en la primavera de 1841, y en ese momento se hizo una pausa en el juicio.

Entonces Benjamin O. Shekels se presentó como testigo del preso. Benjamin era un hombretón grande, obeso, y el lector quizá pueda hacerse una idea precisa de cómo era al leer el texto literal que usó como respuesta a la primera pregunta del abogado del acusado. Le preguntaron dónde había nacido, y su contestación, pronunciada en una jerga brutal, fueron estas palabras:

–Soy del condado de Ontario, Nueva York, ¡y al nacer pesaba más de seis kilos!

¡Benjamin había sido un fenómeno de bebé! Declaró también que regentaba el hotel Steamboat de Washington en 1841, y que me vio allí en la primavera de aquel año. Contó que había oído una conversación entre dos hombres, pero el senador Chase planteó una objeción legal: lo comentado por terceras personas es un rumor y por tanto una evidencia sin base legal. La objeción fue rechazada por el juez y Shekels continuó. Afirmó que aquellos dos hombres llegaron a su hotel y dijeron que tenían un hombre de color a la venta; que tenían una entrevista con Burch; que declararon que procedían de Georgia, pero que no podía recordar el condado; que dieron un historial completo del hombre a la venta y aseguraron que era albañil y tocaba el violín; que Burch comentó que lo compraría si llegaban a un acuerdo, que salieron y volvieron con el hombre, y que yo era ese hombre. Asimismo, manifestó con total indiferencia, como si fuera la verdad, que yo le había dicho que nací y crecí en Georgia; que uno de los jóvenes era mi amo; que expresé un gran pesar por tener que separarme de él, y que le parecía recordar que «¡incluso llegué a llorar!». Pero insistió en que mi señor tenía derecho a venderme; que tenía necesidad de venderme, y la notable razón que dio fue que, según Shekels, mi amo «¡había perdido a las cartas en una juerga!».

Y continuó con estas palabras, que copio de las actas del juicio: «Burch interrogó al hombre de la forma habitual, le dijo que lo había comprado para enviarlo al Sur y el hombre dijo que no tenía ninguna objeción, que en realidad le gustaría ir al Sur. Burch pagó por él seiscientos cincuenta dólares, que yo sepa. No sé qué nombre le dio, pero creo que no era Solomon. No sabía el nombre de ninguno de los dos hombres. Ellos pasaron en mi taberna dos o tres horas, y durante ese tiempo el esclavo tocaba el violín. El contrato de compraventa se firmó en la barra. Era un papel impreso, rellenado por Burch. Antes de 1838, Burch y yo éramos socios. Nuestro negocio era la compraventa de esclavos. Después se hizo socio de Theophilus Freeman, de Nueva Orleans. Burch compraba aquí y Freeman vendía allí».

Antes de testificar, Shekels había oído mi explicación de las circunstancias relacionadas con la visita a Washington con Brown y Hamilton, y por lo tanto, pudo montar la historia de los «dos hombres» y de mi forma de tocar el violín. Así fue su montaje, totalmente falso, y por supuesto no se encontró en Washington a un hombre que pudiera corroborarlo.

Benjamin A. Thorn testificó que estaba en la taberna de Shekels en 1841 y que vio a un chico de color que tocaba un violín. «Shekels me comentó que estaba en venta. Su amo, Heard, me dijo que tenía que venderlo. El chico me reconoció que era un esclavo. No estaba presente cuando pagaron por él. No podría jurar que es el mismo chico. Su amo se le acercó con lágrimas en los ojos y creo que el chico también lloraba. He estado en el negocio de traer y llevar esclavos al Sur de vez en cuando durante veinte años, no puedo hacer otra cosa.»

Ofrecí entonces testificar, pero el tribunal objetó que mi testimonio no era válido. Me rechazaron por el mero hecho de que yo era un hombre de color aunque indiscutiblemente era un ciudadano libre de Nueva York.

Como Shekels había testificado que había un contrato de compraventa, llamaron a Burch para que lo presentara, ya que dicho documento podía corroborar el testimonio de Thorn y Shekels. El abogado del preso intentó dar alguna explicación razonable por no presentarlo. Para justificarse, el propio Burch se ofreció a testificar. Mi abogado sostuvo que dicho testimonio no se debía permitir porque contravenía todas las reglas de la evidencia, y si se permitía la justicia quedaría en entredicho. Sin embargo, ¡el tribunal aceptó el testimonio! Juró que se había rellenado y firmado el contrato de compraventa, pero que lo había perdido y no sabía dónde buscarlo. Pedimos al magistrado que enviara un oficial de policía a la residencia de Burch con instrucciones para recoger sus libros de cuentas, que contenían los contratos de compraventa del año 1841. La petición fue aceptada, y antes de que pudieran tomar medidas para impedirlo, el agente ya estaba en posesión de los libros y los llevó al tribunal. Se comprobaron las ventas del año 1841, y después de examinarlas cuidadosamente, ¡no apareció la mía!

Tras este testimonio, el tribunal declaró que quedaba demostrada la inocencia de Burch y que quedaba en libertad.

A continuación, Burch y sus compinches intentaron acusarme de ponerme de acuerdo con los dos hombres blancos para estafarle. El *The New York Times* publicó al cabo de uno o dos días este suelto: «Antes de que el acusado saliera en libertad, el abogado de la acusación preparó una declaración jurada firmada por Burch para exculpar a su defendido. Tenía una orden de arresto contra el hombre de color por conspirar con los dos hombres blancos antes mencionados para estafar a Burch seiscientos veinticinco dólares. La orden se cumplió y el hombre de color fue arrestado y llevado ante funcionario Goddard. Burch y sus testigos se presentaron ante el tribunal y H.B. Northup compareció como abogado del hombre de color afirmando que estaba dispuesto a continuar defendiendo al acusado, y pidió no demorar la causa. Burch, después de consultar brevemente a Shekels, declaró ante el juez que deseó retirar la denuncia porque no lo quería llegar más lejos. El abogado del acusado declaró ante el juez que si se retiraba la denuncia debía constar que no era a petición de la parte demandada. Burch entonces pidió al magistrado que le permitiera recoger la denuncia y la retiró. El abogado del acusado se opuso a que pudiera retirar la prueba física de la demanda, e insistió en que debía permanecer como parte de los registros de la corte, y que el tribunal debía anotar los procedimientos que se habían llevado a cabo a lo largo del proceso. Burch los devolvió y el tribunal dictó sentencia de sobreseimiento a petición del fiscal y la archivó en su oficina».

Puede haber gente que se crea la declaración del traficante de esclavos. Puede haber quien piense que sus afirmaciones valen más que la mía. Soy un pobre hombre de color, pertenezco a una raza pisoteada y degradada, cuya humilde voz humilde no tiene importancia para el opresor, pero en nombre de la verdad, y con pleno sentido de mi responsabilidad, declaro solemnemente ante Dios y los hombres la falsedad de que cualquier acusación o afirmación sobre un acuerdo directo o indirecto con cualquier persona o personas para que me vendiera; que todo lo que sucedió en mi viaje a Washington, como mi captura y encarcelamiento en la barraca-prisión Williams, está relatado en estas páginas y lo demás es total y absolutamente falso. Nunca he tocado el violín en Washington. Nunca estuve en el hotel Steamboat y nunca en mi vida vi a Thorn o Shekels, que yo sepa, hasta el pasado mes de enero. La historia del trío de traficantes de esclavos es un invento tan absurdo que carece de base y de fundamento. Si fuera cierto, yo no me habría apartado de mi camino de regreso a la libertad con el propósito de procesar a Burch. Debería haberlo evitado y no buscarlo. Debería haber sabido que dar ese paso me habría acarreado la infamia. En aquellas circunstancias, deseoso como estaba de ver a mi familia, y eufórico ante la perspectiva de volver a casa es absurdo suponer que habría corrido el riesgo, no sólo de exponerme, sino de un proceso penal y de una posible condena. Tampoco me habría atrevido voluntariamente a entregarme si las declaraciones de Burch y sus compinches hubieran contenido algún atisbo de verdad. Me tomé la molestia de buscarlo para enfrentarme a él en un tribunal de justicia para acusarlo del delito de secuestro, y el único motivo que me impulsó a dar ese paso fue era la intensa impresión del mal que me había causado, y mi deseo de llevarlo ante la justicia. Fue absuelto en la forma y por los medios que se han descrito. Un tribunal humano le ha permitido escapar, pero hay otro, un tribunal superior, donde no prevalecerá su falso testimonio y donde yo en cambio estoy preparado, por el momento y al menos en lo que se refiere a estas declaraciones, a entregarme al juicio supremo.

Salimos de Washington el 20 de enero, y continuamos camino hacia Filadelfia, Nueva York y Albany. Llegamos a Sandy Hill la noche del 21. Mi corazón se llenó de felicidad al encontrarme con las familiares estampas de antaño y de encontrar a los viejos amigos. A la mañana siguiente, emprendí, en compañía de varios conocidos, el camino hacia Glens Falls, la residencia de Anne y de nuestros hijos.

Cuando entré en la confortable casa, Margaret fue la primera que encontré. No me reconoció. Cuando la dejé no era más que una niña de siete años, una niña que parloteaba con sus juguetes. Ahora se había convertido en una mujer y estaba casada con un muchacho de ojos brillantes que estaba de pie a su lado. No había olvidado a su esclavo, al desgraciado abuelo, y le había puesto a su hijo el nombre de Solomon Northup Staunton. Cuando le dije quién era, se sintió embargada por la emoción y no pudo hablar. Elizabeth ya había entrado en la habitación y y Anne venía corriendo desde el hotel porque ya la habían informado de mi llegada. Me abrazaron, y con lágrimas en las mejillas se colgaron de mi cuello. Pero es mejor correr un velo sobre una escena que puede ser imaginada mejor de lo descrita.

Cuando la intensidad de nuestras emociones se diluyó en una sagrada alegría, cuando la familia se reunió alrededor del fuego que enviaba su calidez y su crepitante familiaridad a través de la sala, conversamos de los mil acontecimientos que se habían producido, de las esperanzas y temores, de las alegrías y las tristezas, de las pruebas y dificultades que habíamos experimentado cada uno durante la larga separación. Alonzo se encontraba en la zona occidental del Estado. El chico había escrito a su madre poco tiempo antes ilusionado con la perspectiva de obtener dinero suficiente para comprar mi libertad. Desde su primera infancia ése había sido el principal objeto de sus pensamientos y su ambición. Sabían que me habían hecho esclavo. La carta escrita a bordo del bergantín, y el mismo Clem Ray, les dieron esa información. Pero sólo podían hacer conjeturas sobre dónde estaba yo hasta que llegó la carta Bass. Por lo que Anne contó, Elizabeth y Margaret lloraron amargamente al volver de la escuela. Al preguntarles la causa de su tristeza, descubrió que en una clase de geografía observaron la imagen de los esclavos que trabajaban en los campos de algodón, y a un capataz que los seguía con su látigo. Les recordó los sufrimientos que su padre podía estar padeciendo en el Sur, tal como sucedía en la realidad. Numerosos incidentes como éstos me demostraron habían mantenido vivo mi recuerdo, pero esto, tal vez, no tiene demasiado interés para el lector y no merece una narración detallada.

Mi relato llega a su fin. No tengo ningún comentario más que hacer sobre el tema de la esclavitud. Los que hayan leído este libro se pueden formar sus propias opiniones sobre esta «peculiar institución». No puedo ni pretendo saber lo que ocurre en otros estados, pero lo que sucede en la región del Red River está clara y fielmente detallado en estas páginas. No se trata de ficción ni es una exageración. Si en algo he fallado, ha sido en presentar al lector preferentemente el lado menos oscuro de la imagen. Estoy seguro de que cientos de personas han sido tan desafortunadas como yo, de que cientos de ciudadanos libres han sido secuestrados y vendidos como esclavos y en estos momentos pasan sus vidas en las plantaciones de Texas y Louisiana. Pero no quiero entrar en ello. Castigado y sometido mi espíritu por los tormentos que he soportado, y agradecido a Dios, por cuya merced he recuperado la felicidad y la libertad, espero que de ahora en adelante pueda llevar una vida digna y humilde, y descansar finalmente en el cementerio de la iglesia donde mi padre duerme.